LE ORIGINALI RICETTE

DELLA DIETA SIRT

Perdi peso e brucia i tuoi grassi con la dieta Sirt.
Una guida, anche per principianti, per l'attivazione del
metabolismo con oltre 80 ricette facili, deliziose e salutari.

Include anche un piano pasti per la dieta dei 7 giorni

KATHLEEN MIDDLETON

youbooks editions

Indice dei Contenuti

Introduzione

Introduzione

La dieta alimentare Sirt è attualmente argomento di discussione, cruciale per tutti coloro che hanno dubbi sulla perdita di peso.

Questo tipo di dieta prevede "alimenti Sirt", alimenti particolari che agiscono attivando proteine specifiche chiamate sirtuine.

Le sirtuine regolano l'infiammazione, il processo di invecchiamento e il metabolismo e, sotto stress, proteggono le cellule sane dal decadimento.

Si ipotizza che le sirtuine aumentino la capacità del corpo di incrementare il metabolismo e bruciare i grassi, inducendo una perdita di peso fino a sette chili in una sola settimana e, soprattutto, mantenendo la forza e il volume dei muscoli. Tuttavia, secondo alcuni esperti, questa non è semplicemente perdita di grasso, ma indica cambiamenti nelle riserve di glicogeno dal fegato e dai muscoli scheletrici.

Dei "magici" alimenti Sirt (Sirtfoods), i dieci più comuni includono cioccolato fondente (almeno l'85% di cacao), tè verde, tè matcha, agrumi, mele, curcuma, mirtilli, vino rosso, prezzemolo, curcuma, cavolo e capperi.

La dieta Sirt si compone di due fasi; la prima settimana è la fase iniziale e, per i primi tre giorni, comporta la riduzione delle calorie a 1000 kcal, l'assunzione di un pasto ricco di sirtfood e tre succhi verdi di sirtfood ogni giorno.

I pasti includono, ad esempio, capperi e prezzemolo (che tra l'altro migliorano l'appetibilità dei cibi), scaloppina di tacchino con salvia, gamberi saltati in padella insieme a noodles di grano saraceno e pollo al curry con cavolo nero.

Si includono rucola, prezzemolo, cavolo, limone, sedano e tè verde. Dai quattro ai sette giorni, l'assunzione calorica complessiva aumenta a 1500kcal e consiste in due pasti ricchi di alimenti Sirt e due succhi verdi di sirtfood al giorno.

Anche se la dieta utilizza cibi sani, limita le calorie giornaliere e le scelte alimentari, soprattutto nelle fasi iniziali. Il menu include anche succhi, con quantità quotidiane raccomandate per la prima fase che superano le attuali linee guida.

La fase di mantenimento è la seconda fase della dieta, che dura 14 giorni, ed è una fase in cui si verifica una perdita di peso costante.

È un modo realistico e sostenibile per perdere peso: il piano non riguarda solo la perdita di peso, ma è progettato per introdurre nella dieta quotidiana i migliori alimenti che la natura offre.

Una raccomandazione a lungo termine consiste nel mangiare tre sontuosi pasti equilibrati basati su alimenti Sirt.

Rinunciare allo zucchero, alimenti trasformati, bibite gassate ed entrare in una routine di allenamento, come l'allenamento della forza e il cardio, può cambiare il tuo corpo in modo radicale.

La dieta che ha permesso ad Adele di perdere 45 kg

Anche le celebrità hanno problemi di peso.

Vengono fotografati, devono sembrare sempre belli e vincenti e diversi dalla massa.

I fan si scatenano per sapere esattamente come hanno fatto. Adele, la famosa cantante inglese pluripremiata ai Grammy Awards e nota per la sua carnosità, è stato fotografata proprio l'anno scorso e pubblicata su tutti i tabloid, stupendo tutti con una figura notevolmente più magra.

Un'altra persona; Adele dichiara infatti di avere perso ben 45 kg in un anno.

Adele 2009, fonte Wikimedia Commons

Le sue ultime foto in vacanza hanno completamente stordito Internet, poiché la graduale perdita di peso di Adele ha suscitato un interesse mondiale. Come dicevamo, Adele ha perso quasi 45 chili rispetto all'anno precedente e le persone sono super interessate al piano alimentare che ha seguito.

Come ha fatto?

Ciò che i fan potrebbero non sapere è che Adele ha seguito (e sta seguendo tuttora) un piano di dieta chiamato Dieta Sirt, che aumenta il metabolismo. La dieta Sirt prevede il digiuno parziale e il consumo di alcuni alimenti specifici che spiegheremo dettagliatamente in questo libro.

Ma non è solo la dieta, la cantante è molto cambiata. Sta usando un mix di allenamento cardio e resistenza.

In questo libro, spiegheremo anche come integrare l'adeguata attività fisica per accompagnare al meglio il cambiamento che la dieta Sirt consente, se correttamente applicata.

Un'altra VIP testimonia i risultati della dieta Sirt

Tutti i giornali ne hanno parlato: la dieta Sirt è la dieta utilizzata da Pippa Middleton per ottenere e mantenere la sua invidiabile forma fisica.

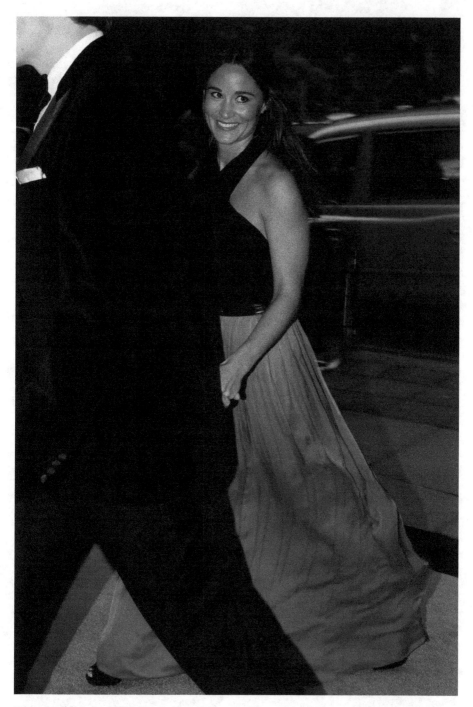

Pippa Middleton al Boodles Boxing Ball 2013, fonte Wikimedia Commons

Pippa, come tutti certamente sapranno già, è la sorella della Duchessa di Cambridge, ha 35 anni, recentemente è diventata madre per la prima volta ed ha documentato il suo viaggio di gravidanza nella sua rubrica e sui socials, parlando, tra le altre cose, anche della sua alimentazione speciale.

Ricorderete che il fisico di Pippa aveva suscitato ammirazione nel mondo, quando comparve per la prima volta in pubblico al Royal Wedding della sorella con il principe (nel 2011), e nell'occasione per l'appunto presenziò in un fasciato abitino che ne esaltava le forme, come damigella d'onore al matrimonio reale della sorella, Kate.

Ora, a distanza di anni e dopo che le foto di Pippa in bikini in vacanza, i fans muoiono dalla voglia di conoscere i suoi segreti di dieta e fitness, mentre guardano ammirati alla sua forma pre-gravidanza.

In precedenza, Pippa aveva condiviso il suo piano di tonificazione di 10 settimane, prima e dopo la gravidanza, condividendo consigli e divulgando i suoi segreti di fitness.

L'alimentazione speciale di Pippa Middleton

Pippa ha dichiarato di aver sperimentato con successo la dieta Sirt e precisato che lei tendeva anche in precedenza a incorporare anche cereali integrali e alimenti Sirt nella sua dieta, si assicura sempre di non saltare mai i pasti, di fare sempre una corretta colazione e di consumare almeno tre pasti al giorno, oltre a due break a base e di snacks specifici. Di solito, il suo primo pasto della giornata è composto da uno yogurt bianco con avena, noci e frutta tritata.

L'attività fisica di Pippa

Pippa consiglia una serie di esercizi che funzionano al meglio per tonificare, incoraggiando l'abitudine anche a camminare più spesso e a farlo ben più vigorosamente.

Una corretta energia nella camminata si ottiene ad un'intensità da moderata a elevata (circa 4,5-6 kmh) e ti può dare preziose endorfine quotidiane per "sgretolare" le calorie in eccesso e rimanere in un'area metabolica positiva.

Va detto che i cambiamenti nello stile di vita fanno sempre una differenza enorme per la mente, l'anima e il corpo. Più di qualsiasi dieta limitata nel tempo.

Pippa dichiara anche di concentrarsi anche sul lavoro di forza, per gli allenamenti a casa usa le fasce elastiche da palestra, utilizzando tecniche di calisthenics, dove si utilizza il solo peso corporeo per opporsi alla gravità e che consentono di migliorare il cosiddetto "core", cioè la muscolatura più profonda (muscoli scheletrici).
Ha rivelato anche che, per darti forma e definizione e per costruire la forza, devi includere almeno due, tre sessioni settimanali di pesi,

lavorando su distretti muscolari specifici per ogni sessione, di volta in volta.

Avere muscoli più sviluppati brucia anche più calorie, combattendo così il grasso.

Pippa ha rivelato che i suoi esercizi push-up preferiti sono il push-up inclinato, il push-up a piedi larghi, il push-up completo e gli affondi sulle gambe.

Capitolo 1
Tutta la Scienza che sta dietro le Sirtuine

Le sirtuine sono un gruppo di proteine che svolgono un ruolo cruciale nella regolazione dell'omeostasi cellulare; più monitorano la salute cellulare. Tuttavia, le sirtuine possono funzionare solo in presenza di NAD+, un coenzima presente in tutte le cellule viventi (chiamato nicotinamide adenina dinucleotide), si tratta di un coenzima reperibile in tutte le cellule con funzione di trasporto degli elettroni che agisce nel corso del metabolismo energetico ed è un importante cofattore del metabolismo centrale.

Il NAD+ svolge quindi il suo fondamentale ruolo come trasportatore di elettroni nei processi energetici

Come le Sirtuine regolano la salute Cellulare con il NAD+

Le diverse parti della cellula lavorano su differenti compiti ma con un unico obiettivo finale, devono funzionare in modo efficiente per rimanere in salute il più a lungo possibile.

Le priorità nella cellula cambiano, a causa sia di vari fattori interni, che esterni.

Come un direttore d'azienda, le sirtuine regolano ciò che viene fatto quando quale parte cellulare lo farà e quando si spegnerà. Il NAD+ è vitale in questo senso per il metabolismo cellulare e per centinaia di altri processi biologici.

Il corpo non può funzionare bene senza di essa, ma i livelli di NAD+ diminuiscono con l'età e vengono limitate anche le funzioni delle sirtuine con l'aumentare dell'età. Le sirtuine sono una famiglia di sette proteine, ognuna con una varietà di ruoli.

Tre di loro lavorano nei mitocondri, gli altri tre nel nucleo e l'ultimo nel citoplasma. La funzione delle sirtuine è rimuovere i gruppi acetilici da altre proteine. Sono tag fisici sulle proteine. Altre proteine riconoscono che reagirà con loro.

I gruppi acetilici controllano reazioni specifiche a livello cellulare.

L'importanza delle Sirtuine

Le sirtuine lavorano con i gruppi acetilici inducendo la deacetilazione, il che significa che individuano il gruppo acetilico su una molecola e lo eliminano. Un altro modo in cui funzionano le sirtuine è la rimozione di gruppi acetilici anche da proteine biologiche, come ad esempio gli istoni.

L'istone è una voluminosa proteina attorno alla quale si avvolge il DNA. Le proteine degli istoni e il deacetilato di sirtuine sono parte della cromatina, una forma condensata di DNA. Quando il DNA si trascrive su di essi, viene srotolato, ma è importante che non rimanga srotolato troppo a lungo, poiché, in questa forma, è vulnerabile ai danni dall'esterno.

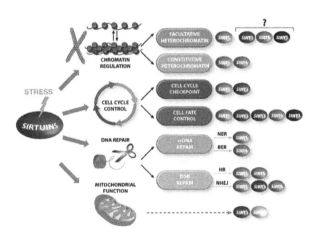

Gli istoni, quando deacetilati correttamente dalle sirtuine, chiudono la cromatina, ovvero si avvolgono saldamente e ordinatamente su di essa, quindi l'espressione genica viene silenziata o addirittura bloccata.

Sirtfood per tutti: è la dieta per te?

Le persone dichiarano di amare questa nuova dieta proprio perché consente alcuni alimenti deliziosi, come il cioccolato e il vino, che in questo quadro dietetico hanno particolari nutrienti utili al compimento, quindi non ti senti privato del piacere del palato.

Molte persone attente alla salute si impegnano in uno stile specifico, il digiuno intermittente con la dieta 5: 2 e altre diete a basso contenuto di carboidrati, tra cui la dieta paleo e senza glutine, le diete Dukan, sono quelle particolarmente popolari. Sebbene molti garantiscano per loro, non funzionano per alcuni.

A differenza di qualsiasi altra dieta che si concentri su ciò che si dovrebbe escludere, il menu della dieta Sirt si rivolge anche a ciò che si dovrebbe includere.

Per riassumere, il cibo stesso ti aiuterà. Come?

• Evitando di sopportare la fame estrema o una grave restrizione calorica.

• Perdendo peso, bruciando i grassi ma salvando i muscoli.

• Preparando il tuo corpo per un successo a lungo termine nella perdita di peso.

• Bruciando i grassi proprio dalla zona dello stomaco.

• Essendo liberi da estenuanti regimi di esercizio fisico.

• Sentendosi meglio e avendo più energia.

• Vivendo una vita più sana e senza malattie.

• Nella dieta Sirt potrebbe gli alimenti Sirt possono potenziare potentemente i loro benefici.

• Con l'inclusione di alimenti Sirt, le diete a basso contenuto di carboidrati e prive di alimenti a base vegetale possono aumentare notevolmente.

• Gli alimenti Sirt sono i tipici cibi "paleo" e contengono i polifenoli adatti ad attivare le sirtuine. Infatti, per un periodo molto lungo dell'evoluzione, gli esseri umani si sono evoluti mangiando e raccogliendo frutti Sirt.

• I 20 migliori alimenti Sirt sono naturalmente privi di glutine, il che li rende un vero bonus per le persone che seguono una dieta priva di glutine e per celiaci.

La Storia delle Sirtuine

Il dottor Amar Klar, un genetista, ha scoperto il primo sirtuin, chiamato SIR2, negli anni '70, come un gene che controlla la capacità delle cellule di lievito di accoppiarsi.

Negli anni '90, i ricercatori hanno scoperto altri geni omologhi di SIR2 in altri organismi: questi omologhi SIR2 sono stati chiamate sirtuine.

All'inizio, gli studi sono stati condotti sul lievito per verificare il modello di funzionamento dei geni. Ciò ha portato all'identificazione del gene SIR2 che ha promosso la longevità nel lievito.

Il SIR2 è un enzima deacetilante; significa che rimuove i gruppi acetilici da altre molecole. Il team di ricerca ha scoperto che il SIR2 nel lievito, viene deacetilato da altre proteine solo se in presenza del coenzima nicotinamide adenina dinucleotide (il NAD+ di cui abbiamo già accennato).

Dopo questi studi, il programma dietetico Sirt fu stato lanciato già nel 2016 da due nutrizionisti del Regno Unito, Glen Matten e Aidan Goggins che pubblicarono per primi un libro di ricette Sirt con lo stesso nome.
Quel libro promuove la **potenza della dieta** in quanto **accende il gene magro**. Gli alimenti definiti "Sirt" sono un sottoinsieme di nutrienti proteici a base vegetale che si trovano in alcuni alimenti e anche nel corpo in modo naturale.

Domande & Risposte (prima della dieta)

D. Che cos'è esattamente la dieta Sirt?

R. Innanzitutto la dieta Sirt contempla cibi specifici e sani come soia, cavolo nero e anche vino rosso. Per i primi tre giorni impone di assumere circa 1000 calorie al giorno e successivamente attestarsi a 1500 calorie. Se stai assumendo quella quantità di calorie, quella indicata, perderai peso.

D. Perché questa dieta è attraente?

R. Se qualcuno ti dice che in una dieta puoi avere la possibilità di bere del vino e mangiare il tuo cioccolato fondente, hai maggiori probabilità di seguire la dieta quando diventa restrittiva caloricamente, proprio perché mangerai anche cose che ti piacciono.

Q. È sicura questa dieta?

R. È difficile dire se una dieta è sicura o no perché su molte diete nuove non sono stati condotti sufficienti studi per esaminare la dieta a lungo termine. Il mio consiglio è sempre quello di consultare il proprio medico prima di intraprendere una nuova restrizione calorica o un regime alimentare controllato: il medico ti indicherà se è adatto a te e se ha dei rischi.

D. La dieta Sirt è adatta ai bambini?

R. No. La dieta Sirt non è per i bambini. Ciò non significa che i bambini non possano includere i sirtfood nella loro dieta generale. La maggior parte di questi alimenti è incredibilmente salutare anche per i bambini, il succo verde è ricco di elementi Sirt. Comunque, non adottarla per i bambini.

D. Sono già magra, posso seguire questa dieta?

R. La fase 1 della dieta Sirt non è per chi sia sottopeso. Il modo migliore per sapere se sei sottopeso è calcolare il tuo indice di massa corporea. Se il tuo indice di massa corporea è 18,5 o meno, la fase 1 della dieta non fa per te. Sappiamo che molte persone desiderano essere super-magre, ma ciò può danneggiare molti aspetti della salute, come un elevato rischio di indebolimento delle ossa, un sistema immunitario meno efficiente e problemi di fertilità. Tuttavia, se sei sottopeso, puoi integrare molti alimenti Sirt nella tua dieta per trarne benefici per la tua salute. Se sei magra, ma con un indice di massa corporea nell'intervallo da 20 a 25, puoi diventare più tonica, puoi perdere moderatamente peso e ottenere miglioramenti nel tuo aspetto, livelli di energia e vitalità. La dieta mira anche a promuovere la salute, in quanto non si tratta solo di perdere peso.

D. La dieta Sirt è adatta anche per obesi?

R. Gli obesi hanno risultati migliori rispetto ai normotipi. Sulla base della ricerca, l'attivazione delle sirtuine protegge anche da numerosi problemi di salute cronici, che sono i rischi più comuni di malattie sociali molto diffuse.

D. Che cosa puoi dirmi sui succhi nella dieta Sirt?

R. In generale, pensiamo che il consumo di due bevande verdi (succhi e estratti) a base di alimenti Sirt sia sicuro per gli uomini, mentre una bevanda sia sicura per le donne. Mentre per le persone obese che possono avere patologie del fegato e non ne sono consapevoli, la quantità sarebbe eccessiva, quindi per gli obesi è consigliato ridurre le quantità relative ai succhi verdi.

Q. Prendo farmaci, posso seguire questa dieta?

R. Alcuni farmaci non sono adatti al digiuno o regimi restrittivi. Se soffri di un grave problema di salute, prendi i farmaci prescritti, parlane prima con il tuo medico.

D. Posso seguire la dieta se sono incinta?

R. Se stai cercando di concepire o allattare o se sei incinta, il menu della dieta Sirt non è adatto in quanto è una potente dieta dimagrante e potrebbe essere eccessivamente restrittiva per questa condizione. Tuttavia, puoi integrare in una dieta corretta il consumo di molti alimenti Sirt, in quanto questi sono comunque cibi eccezionalmente sani da includere nel menu. Dovresti viceversa evitare (o limitare) il vino rosso a causa della sua gradazione alcolica.

D. La dieta Sirt fornisce abbastanza fibra?

R. Alcuni alimenti biologici sono naturalmente ricchi di fibre, grano saraceno e i datteri Medjool si distinguono, anche indivia, cipolle e noci sono fonti notevoli di fibre alimentari. Durante la fase 1 della dieta, consumerai una corretta quantità di fibre, soprattutto se scegli le ricette che contengono fagioli, lenticchie e grano saraceno.

Capitolo 2
Sirtuine, Digiuno, e Attività Metabolica

Come con la dieta tipica, la perdita di peso si verifica sia per la perdita di grasso che per quella muscolare, con un netto calo del tasso metabolico. Questo fa riacquistare il peso corporeo quando riavvii le normali abitudini alimentari.

In questa dieta, trattenendo la massa muscolare anche con alimenti a base di latte, bruci comunque grassi con un calo minimo del tuo metabolismo. Ciò fornisce una base perfetta per il successo a lungo termine per la tua perdita di peso.

Le sirtuine che sono stimolate in questa dieta, sono anche tra i principali regolatori metabolici poiché controllano la capacità di bruciare i grassi e mantengono contemporaneamente la salute. Agiscono come energia e come sensori all'interno delle nostre cellule e si attivano quando si verifica una carenza di energia. Nel contempo, esercizio fisico e digiuno attivano entrambi i nostri geni sirtuini.

Ma esiste un modo unico e innovativo per attivare i geni sirtuini: sono proprio gli alimenti Sirt (Sirtfoods). Adottando una dieta contenente alimenti a base Sirt, puoi imitare gli effetti dell'esercizio fisico e del digiuno e ottenere più facilmente la forma e il corpo che probabilmente desideri.

Combattere il grasso

La dieta Sirt è ricca di alimenti contenenti un particolare nutriente che innescano i geni nel corpo umano collegati alla conservazione del grasso e alla perdita di grasso.

Di solito, un notevole sacrificio calorico ti aiuta a ottenere una significativa perdita di grasso, riducendo drasticamente le calorie o impegnandoti in esercizio o entrambi. Ma è difficile da mantenere. La cosa positiva è che durante questa dieta, le persone non hanno riferito di sentirsi particolarmente affamati.

Controllo dell'appetito

Uno dei vantaggi significativi della dieta Sirt è che puoi ottenere enormi benefici senza restrizioni caloriche a lungo termine. La prima settimana del cibo è la fase in cui combini un'abbondanza di potenti alimenti Sirt con un digiuno moderato, per un doppio attacco alla massa grassa.

Quando mangi, la leptina, l'ormone che regola l'appetito, invia segnali all'ipotalamo che inibisce la fame. Ciò è dovuto alla leptina, chiamato anche ormone della sazietà.

Dall'altro lato, quando digiuni, diminuisce la segnalazione della leptina verso il cervello, facendoti sentire affamato. Una disfunzione metabolica che si verifica nell'obesità patologica e fa sì che la leptina smetta di funzionare correttamente. Negli individui obesi, la quantità di leptina si riduce nel corpo. L'ipotalamo viene desensibilizzato alle sue azioni.

Questo processo si chiama resistenza alla leptina. Pertanto, negli individui in sovrappeso, dopo aver mangiato abbastanza, il cervello pensa ancora di essere sottoalimentato. Quindi il livello di leptina nel sangue è essenziale nella regolazione dell'appetito. Ed è proprio qui che brillano i nostri alimenti Sirt.

I nutrienti presenti negli alimenti a base di latte hanno qualità uniche per invertire la resistenza alla leptina. Aumentano il trasporto della leptina nel cervello e aumentano la sensibilità dell'ipotalamo all'azione della leptina. I Sirtfoods hanno anche potenti effetti sui nostri centri del gusto, in modo da ottenere più piacere e soddisfazione dal cibo e non cadere nella trappola del mangiare troppo per il massimo comfort. Tragicamente, uno stile di vita sedentario e cibi abbondanti creano una tempesta che spegne l'attività delle sirtuine.

Viceversa, l'attivazione del SIRT1 inibisce il PPAR, bloccando lo stoccaggio e la produzione di grasso. L'attivazione del SIRT1 attiva anche PGC-1, che utilizza la conservazione dei grassi e produce vere e proprie fabbriche di energia per le nostre cellule. Abilitare il SIRT1 fa sì che il nostro grasso si comporti in modo diverso, iniziando a smaltire energia.

Vantaggi per la massa magra

Attivando le sirtuine, è possibile sia prevenire la disgregazione muscolare sia favorire la rigenerazione muscolare. Abilitare il SIRT1 può anche aiutare a prevenire la perdita graduale del muscolo che vediamo con l'invecchiamento con il noto processo chiamato sarcopenia.

Non solo l'attivazione dei geni del sirtuino ti farà sembrare più snella, ma ti aiuterà anche a rimanere più sana e a funzionare meglio con l'età.

Durante la dieta, le cellule passano dalla modalità di crescita alla modalità di sopravvivenza e iniziano a utilizzare le proteine dei muscoli come combustibile.

Nonostante la perdita di peso, le persone che seguono la dieta Sirt mantengono o addirittura aumentano i muscoli, il che è dovuto al fatto che le sirtuine sono tra i principali regolatori dei tessuti. Significa quindi che stai molto meglio. Eliminare il grasso corporeo e trattenere la massa muscolare porta a un fisico più tonico, magro e atletico: più desiderabile. Inoltre, il muscolo scheletrico (la muscolatura profonda, quella che stabilizza la figura) rappresenta il maggior dispendio energetico giornaliero del corpo. Più muscoli hai, più energia bruci che aiuta a sostenere un'ulteriore perdita di peso e aumenta la probabilità di successo a lungo termine.

La massa e la funzione muscolare sono predittive dell'invecchiamento e del benessere; la corretta manutenzione muscolare previene lo sviluppo di malattie croniche come il diabete e l'osteoporosi, mantenendoti mobile in età avanzata. Gli scienziati hanno anche suggerito che il modo in cui le sirtuine mantengono ai muscoli questi benefici, possono influire positivamente sui disturbi legati allo stress, inclusa la riduzione della depressione.

Sirtuine e massa muscolare

Quindi, adesso sai che una famiglia di geni chiamata sirtuine protegge i nostri muscoli e ferma anche lo stress.

Il SIRT1 è un potente inibitore della disgregazione muscolare. Finché il corpo ha attivato il SIRT1, anche nel digiuno, la combustione metabolica del grasso diventa carburante per i muscoli. Le sirtuine quindi possono aumentare la nostra massa muscolare scheletrica. Il nostro muscolo contiene anche una cellula satellite, un particolare tipo di cellula staminale che controlla la crescita e la rigenerazione del tessuto muscolare. Le cellule satelliti si attivano quando un muscolo viene stressato o danneggiato; è così che i muscoli diventano più grandi in attività come l'allenamento con i pesi. Il SIRT1 è essenziale per l'attivazione delle cellule satelliti, che incoraggia la crescita e il recupero muscolare.

Alimenti Sirt contro il digiuno

Abbiamo due tipi principali di muscoli, chiamati tipo 1 e tipo 2. Il muscolo di tipo 1 è per le attività di maggiore durata, il digiuno aumenta l'attività del SIRT1 solo nei muscoli di tipo 1, quindi questi muscoli mantengono le proprie dimensioni e aumentano anche notevolmente quando digiuniamo.

Viceversa, il muscolo di tipo 2 è deputato ad attività più brevi e intense, il SIRT1 diminuisce rapidamente nei muscoli di tipo 2. Invece di bruciare i grassi, i muscoli iniziano a rompersi per fornire carburante. Quindi il digiuno è un'arma a doppio taglio per i muscoli e ne va tenuto conto.

Mantenere i muscoli giovani

Con l'avanzare dell'età avanza anche l'età muscolare e aumenta il declino del SIRT1, il che lo rende più soggetto a danni da radicali liberi e infiammazione.

È quindi sempre meno sensibile ai benefici dell'esercizio fisico, con conseguente stress ossidativo. Con la maggiore attivazione del SIRT1, possiamo contrastare il declino legato all'età. Le ricerche più recenti mostrano che maggiore è il contenuto di polifenoli nelle diete dei soggetti anziani, maggiore è la protezione che sperimentano contro il declino delle prestazioni fisiche con l'età. È possibile alimentare la perdita di peso mentre si alimentano i muscoli con una dieta ricca di cibi leggeri. Ma questo è solo l'inizio.

Non preoccuparti, ne parliamo diffusamente nei prossimi capitoli.

Capitolo 3
Il Modo giusto per seguire il piano dietetico Sirt

I seguenti modi possono aiutarti a seguire la tua dieta.

Il potere della sinergia

Consumare una vasta gamma di sostanze nutritive quasi miracolose sotto forma di cibi naturali, integrali e benefici, agisce sinergicamente per migliorare la salute di tutto il corpo. Il classico nutriente attivatore del sirtuin è il resveratrolo, che nella forma di integratore viene assorbito male, ma nella sua matrice alimentare naturale, quella del vino rosso, aumenta la sua biodisponibilità che diventa almeno sei volte superiore. La curcumina è anche un nutriente essenziale per l'attivazione del sirtuin, e la trovi nella semplice curcuma. La ricerca mostra che curcuma integrata in questa dieta svolge una migliore attività per promuovere la perdita di grasso ed è molto efficace nel ridurre i livelli di zucchero nel sangue e nell'inibire l'insorgenza del cancro, rispetto alla curcumina assunta in isolamento.

Succhi e cibi: ottieni il meglio da entrambi i mondi

Altri alimenti integrali del sirtfood world, sono i succhi e gli alimenti integrali, in particolare i succhi prodotti usando un frullatore o una centrifuga. Per le verdure a foglia verde, quest'ultimo è il migliore. Il menu della dieta sirt contiene polifenoli non estraibili e questi polifenoli, inclusi gli attivatori delle sirtuine, vengono rilasciati solo se scomposti dai nostri batteri intestinali.

Il potere delle proteine

Per il massimo beneficio, i pasti a base di alimenti Sirt dovrebbero sempre essere ricchi di proteine. Un elemento costitutivo di una proteina dietetica chiamata leucina è la parte migliore del programma sirtfood.

Mangia presto

Quando si tratta di mangiare, prima è, meglio è, per due motivi. In primo luogo, per massimizzare il naturale effetto saziante dei sirtfood. Mangiare presto fa sentire più sazi, pieni di energia e soddisfatti. Il secondo motivo convincente è quello di sintonizzare le abitudini alimentari con l'orologio interno del corpo. Tutti abbiamo il nostro ritmo circadiano, un orologio biologico incorporato che regola le funzioni del nostro corpo naturale in base al tempo.

Vai alla grande sul gusto

Un problema fondamentale con la dieta convenzionale è che drena ogni goccia di piacere dal cibo, facendoci sentire insoddisfatti.

È essenziale mantenere la gioia del palato. I sirtfoods, così come la loro azione che esalta alimenti come proteine e fonti alimentari ricche di Omega-3, soddisfano il nostro desiderio di gusto. La dieta Sirt aumenta il nostro piacere e la nostra salute. Le papille gustative determinano il piacere che deriva dal nostro cibo e quanto ne siamo soddisfatti. Sette principali recettori del gusto lo fanno. Quando un alimento stimola meglio questi recettori del gusto, da quel pasto riceviamo più soddisfazione. Nella dieta Sirt, abbiamo un menu per papille gustative felici, poiché offre la massima stimolazione a tutti i recettori del gusto.

Un nuovo benessere con la dieta Sirt

Nonostante tutti i sorprendenti progressi della medicina, la società sta diventando sempre più malata ed anche più grassa e il 70 percento di tutte le morti sono ormai determinate da malattie croniche. Attivando i nostri antichi geni sirtuini, possiamo costruire un corpo più magro e più forte bruciando grassi. Con le sirtuine, che sono alla base del nostro metabolismo, i programmatori principali della biologia umana si estendono anche oltre il benessere corporeo, arrivando a coinvolgere ogni aspetto del nostro stare bene generale.

Per il cuore

L'attivazione dei Sirtuini è ottima anche per la salute del cuore, protegge le cellule muscolari del cuore mentre costruisce un corpo più robusto e magro. Ci aiuta a gestire il colesterolo in modo più efficiente, migliora il funzionamento delle arterie e le previene l'insorgenza dell'aterosclerosi.

Per il diabete

L'attivazione dei Sirtuini migliora la quantità di secrezione di insulina e la fa funzionare in modo più efficace nel corpo. Uno dei farmaci antidiabetici più popolari, la metformina, dipende da SIRT1 per il suo effetto benefico.

Le stesse aziende farmaceutiche stanno studiando come aggiungere attivatori di sirtuini naturali nel trattamento con metformina per i pazienti diabetici.

Per il cervello

Gli studi hanno dimostrato una ridotta presenza dei Sirtuini nei pazienti con Alzheimer. L'attivazione dei Sirtuini migliora i segnali di comunicazione nel cervello umano, migliora la funzione cognitiva e diminuisce l'infiammazione del cervello, che interrompe l'accumulo della produzione di amiloide, la principale componente dannosa nei malati di Alzheimer.

Per le ossa

Gli osteoblasti sono una particolare cellula delle ossa responsabile della costruzione di nuovo osso. Più osteoblasti si hanno, più le ossa saranno robuste. L'attivazione di Sirtuini promuove la produzione di cellule di osteoblasti e ne aumenta la loro sopravvivenza. Quindi l'attivazione di Sirtuini è essenziale anche per la salute delle ossa.

Per il cancro

Ricerche recenti mostrano che l'attivazione di Sirtuini contrasta i tumori. Oltretutto, le persone che consumano più alimenti biologici hanno i più bassi tassi di insorgenza tumorale.

L'attivazione di sirtuine può prevenire malattie cardiache, demenza, diabete, osteoporosi e, molto probabilmente, anche il cancro (sono in corso studi più approfondito proprio in questo periodo).

Nel mondo, le culture che integrano molti alimenti definibili come "Sirt", come parte delle loro diete tradizionali, sperimentano da sempre benessere e longevità.

In molti luoghi della Sardegna, alcune parti della Calabria, l'isola di Okinawa in Giappone e in molti altri luoghi, questi alimenti sono da sempre integrati nella dieta standard, e sono i luoghi dove la longevità è maggiore.

Questa è una conclusione quasi entusiasmante: aggiungendo al cibo i potenti sirtfood del mondo e trasformandolo in un'abitudine a vita, si può sperimentare questo livello di benessere e, contemporaneamente, ottenere il fisico desiderato.

Capitolo 4
La Dieta Sirt

Vita moderna abbinata ai problemi quotidiani: qual è la più grande sfida che affrontiamo ogni giorno?

La perdita di peso è per molti un grande scoglio, un viaggio pieno di emozioni contrastanti, depressione, ansia e, troppo infrequentemente, felicità e fiducia!

Dimagrire è di norma difficile, gli adipociti (le cellule del grasso) hanno una memoria e si ripresentano troppo frequentemente proprio dove li abbiamo snidati con grande sacrificio, spesso quando ti rendi conto di ciò che hai fatto al tuo corpo, è troppo tardi, e tutto ciò che puoi fare è prendere qualche spuntino light e iniziare nuovamente la ricerca su Google per trovare una dieta che ti aiuterà a perdere peso velocemente.

Ma hey! Guarda il lato positivo; almeno ti sei reso conto che qualcosa deve essere fatto, ed è quello che conta di più.

Ma ora, con la straordinaria varietà di diete che possiamo scegliere, quale fare?

Ogni dieta ti promette qualcosa di diverso, un ulteriore vantaggio che molto probabilmente non c'è!

Vedrai tag line che ti dicono "la migliore dieta", "perdere tutti questi chili in 2 settimane", "facile perdita di peso, nessun esercizio fisico, nessun rigoroso conteggio delle calorie".

Molto di ciò che trovi su Internet non è vero, quindi non crederci fino a quando non fai ricerche.

Questo libro è basato su fonti scientifiche e su rigorosi controlli sui risultati effettivi.

Tuttavia, scegliere quale dieta funziona meglio per te è ovviamente solo e sempre una tua scelta personale.

Al momento, una delle diete più popolari, prese d'assalto anche su Internet è proprio la "dieta Sirt": perché è la dieta che attiva il "gene magro".

L'unica dieta che ti può promettere di perdere fino a 7 chili alla fine della fase 1.

Sì, ti può lasciare 7 chili in meno rispetto a quando hai iniziato, ma solo se rispetti rigorosamente le regole.

Questa dieta è un argomento caldo e richiede di adottare cambiamenti nello stile di vita consumando solo cibi ricchi di sirtuine.

Come detto le sirtuine sono un sottogruppo di alimenti a base vegetale e si trovano anche nel corpo come enzima e, si ritiene proteggano le cellule del corpo dalla morte sotto stress, regolando anche l'infiammazione e rallentando il processo di invecchiamento. Svolgono inoltre un'azione che regola il metabolismo.

La sostanza chimica naturale presente nel corpo, chiamata polifenolo, imita gli effetti sia dell'esercizio fisico sia del digiuno, se restiamo fedeli a consumare cibi ricchi di polifenoli per un periodo prolungato. Alla fine, si attiverà il percorso delle sirtuine per aiutare nella perdita di peso. A sua volta, si ritiene che le sirtuine influenzino la capacità del corpo di aumentare il metabolismo e bruciare il grasso in eccesso, portando l'individuo a perdere fino a 7 chili, mantenendo la massa muscolare.

La dieta combina l'assunzione di alimenti Sirt con un deficit calorico, entrambi innescano il corpo a produrre livelli più alti di sirtuine.

Questa dieta ha già attirato l'attenzione di molte persone perché ti permette di mangiare cioccolato e bere vino rosso consumando cavolo, bacche e caffè, una dieta che enfatizza tutto ciò "suona bene" come il miglior percorso possibile per il benessere, potrebbe sembrare troppo bello per essere vero. Ma in effetti questa dieta ci incoraggia a un cambiamento nello stile di vita piuttosto che un semplice regime alimentare. Con questo tipo di atteggiamento, aumenteranno i nostri livelli di energia e ciò renderà più facile seguire anche la dieta.

Seguire una dieta ipocalorica a volte può essere scoraggiante e causare alcuni effetti collaterali minori che ci fanno stare male per un pò di tempo, questi effetti collaterali non si manifestano solo il giorno successivo in cui inizi la dieta. Tendono a manifestarsi a circa quattro settimane dalla dieta, alcuni degli effetti collaterali possono essere nausea, affaticamento, costipazione o, in casi più rari, diarrea.

Nello scenario peggiore, il corpo inizia a produrre effetti indesiderati che si manifestano a causa della scomposizione del grasso per produrre energia e, poiché a sua volta, il fegato produce colesterolo, che si combina con la bile per creare calcoli biliari. Questi possono essere estremamente dolorosi, con conseguente interruzione della dieta nel suo insieme.

Fasi da seguire con la dieta Sirt

Come per tutte le diete, ci sono diversi livelli o fasi da seguire. In questa dieta particolare, ci sono due fasi: la fase 1 di attacco e la fase 2 che è la fase di mantenimento. Nella fase di attacco, chiunque seguisse questo regime avrebbe perso fino a 7 chili e anche questo in un periodo così breve. Sembra troppo bello per essere vero, giusto?

Bene, chi ha seguito tante diete in passato giudica qualsiasi nuova dieta in modo un pò scettico, perché nessuna ricerca sostiene ancora che funziona e il modo in cui funziona.

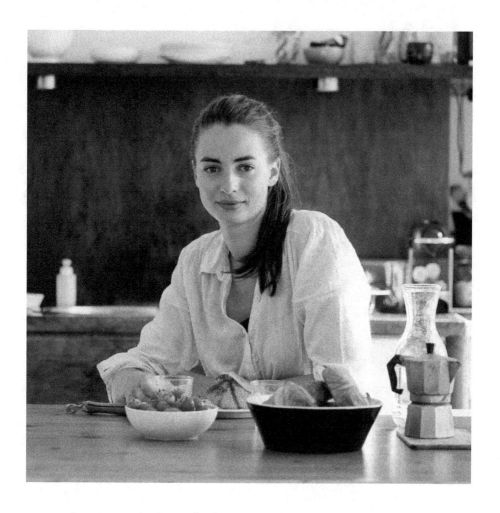

Ma crediamo in ciò che vediamo e quando vediamo i risultati, questo è tutto ciò che conta davvero.

Molte persone confondono la prima perdita di 7 chili con la perdita di grasso, che non è affatto ciò che accade. La prima settimana consiste nel fatto che il nostro corpo si adegua ai diversi cibi che gli stiamo dando. Quindi, inizia a utilizzare le sue riserve di glicogeno e l'acqua che viene immagazzinata nel corpo. Questo è il motivo per cui i primi 7 chili sono in prevalenza il peso dell'acqua che abbiamo eliminato.

Nella seconda fase, che è la fase di mantenimento della dieta Sirt, cerchiamo di mantenere il peso che abbiamo perso modificando la quantità di apporto calorico giornaliero. Se parliamo degli effetti a lungo termine della dieta e di come possiamo seguirla, sarete sorpresi di sapere che non esiste un piano prestabilito. Si tratta di adattarsi per assumere quanti più alimenti possibili durante il giorno, il che ci aiuterà a sentirci energici e più sani su noi stessi.

Per aiutarti in questo, questo libro contiene oltre 80 ricette pronte e per tutti i gusti, oltre ad un piano di 7 giorni da seguire come "piano pilota" per guidare verso il rispetto dei nutrienti più adatti.

La dieta per attivare le sirtuine e promuovere la salute

Gli effetti benefici delle sirtuine si attivano quando il corpo entra nello stato di esaurimento dei nutrienti, stress cellulare e fame. Ciò dimostra che un certo stress fisico è benefico per il corpo.

La ricerca suggerisce che ci sono alcuni modi in cui le sirtuine possono essere attivate e rese efficienti, ecco quali:

● Restrizione calorica come prescritta

● Aumento dell'attività fisica

● Assunzione di componenti alimentari come polifenoli e grassi Omega-3

Diverse sostanze attivano le sirtuine, le principali sono:

● Resveratrolo:

proprietà antiossidanti nonché antifungine, anticancro, antinfiammatorie e antimutagene

● Quercetina:

anticancro e antinfiammatorio

● Olio d'oliva:

polifenoli benefici che aiutano ad attivare le sirtuine

● Cacao:

ricco di flavonoidi aiuta ad attivare le sirtuine

● Melatonina:

nota anche come ormone del sonno, ricca di antiossidanti e antinfiammatori. Gli studi dimostrano che aiuta ad attivare le sirtuine.

Sebbene la dieta Sirt prometta di aiutarti a perdere peso, come diciamo ha altri benefici per la salute oltre a favorire la perdita di peso. Quando iniziamo a consumare alimenti che fanno bene alla salute, sono ricchi di proteine e sostanze nutritive essenziali per il corpo, il corpo, a sua volta, ci dà risultati che si possono solo sognare con altri metodi. Ci sentiamo più leggeri, meno gonfi, più energici e attivi. Chi non lo vuole?

Le diete migliori del resto non hanno solo lo scopo di aiutarti a perdere peso; cercano di far emergere la versione migliore di noi, uno stile di vita più sano e privo di malattie, più attivo ed energico. Questo è il motivo per cui non solo le persone che vogliono perdere peso dovrebbero iniziare questa dieta, ma i cibi a base di Sirtuine dovrebbero essere incorporati nella dieta quotidiana di un individuo sano. Ci sono molti benefici comprovati nel consumo regolare di alimenti Sirt.

La dieta Sirt non solo ci aiuta a perdere peso, ma aiuta anche:

● Miglioramento della memoria

● Controllo dei livelli di zucchero nel sangue

● Eliminazione del danno da radicali liberi

● Ridurre il rischio di malattie croniche

● Anti-invecchiamento

Abbiamo già accennato l fatto che il tratto più sostanziale della dieta Sirt è che aiuta a favorire la perdita di peso senza compromettere la massa muscolare; infatti, coloro che seguono questa dieta confermano di aver visto aumentare la massa muscolare, portando a un corpo più tonico e definito. Il bello di questa dieta è che promuove la perdita di peso e aiuta la crescita muscolare, la riparazione e il mantenimento. Questa dieta è diversa dalle altre diete che promuovono sia la perdita di peso che la massa muscolare. La massa muscolare è importante in modo che il nostro corpo, una volta dimagrito, possa avere un aspetto deciso e tonico, non rilassato e catatonico.

La dieta Sirt riguarda un'alimentazione sana piuttosto che il drammatico slogan "perdere 7 chili in una settimana", che non è considerato salutare dai nutrizionisti. Sebbene questa dieta abbia guadagnato molta popolarità ed è stata seguita da molte celebrità, al momento non ci sono ancora abbastanza ricerche scientifiche su come funziona e se i risultati sono sostenibili.

È un dato di fatto che quando il corpo viene privato di tali nutrienti, si va a bruciare le riserve di grasso. A causa del ridotto numero di calorie che stiamo già mettendo nel corpo, il corpo inizia a perdere peso, ma se questo è permanente o no è ancora un dibattito infinito e, diverso da dita a dieta.

La domanda ora è: chi dovrebbe fare la dieta Sirt?

Prima di apportare modifiche alle abitudini alimentari, si consiglia di consultare prima il proprio medico. Si consiglia di farlo perché non tutte le diete sono per tutti. Alcuni alimenti possono innescare patologie che la persona potrebbe già avere potenzialmente, o ne è predisposta. Oppure, alcune diete potrebbero non aiutarti, a seconda del tipo di genetica personale o della quantità di peso che stai cercando di perdere. Devi tenere presente che non tutti sono uguali e non reagiscono a tutto allo stesso modo.

I 20 migliori alimenti Sirt

I Sirtfood sono quegli alimenti considerati una parte sana ed essenziale della dieta. Questi alimenti sono fondamentali per favorire l'attivazione di sirtuine e favorire la perdita di peso. A chi non piacerebbe l'idea di essere in grado di mangiare i cibi che ama con una dieta che aiuta a perdere peso senza dover sacrificare troppo?

I venti migliori super alimenti necessari nei pasti di tutti i giorni se segui la dieta Sirt non sono limitati a,

Verdure

● Cavolo

- Cipolla

- Prezzemolo

- Rucola

- Cicoria rossa

- Soia

- Prezzemolo

Bevande

- Vino rosso

● Caffè

● Tè verde matcha

Frutta

● Fragola

● Mirtilli

● Datteri

Cioccolato

● Cioccolato fondente

Altri

● Peperoncino

● Olio extra vergine di oliva

● Grano saraceno

● Curcuma

● Noci

● Capperi

Capitolo 5

Succhi Verdi Sirtfood

Il succo verde è una bevanda a base di succo di verdura. Gli ingredienti più comuni includono cavolo, spinaci, sedano, erba di grano, mandarino, cetriolo, prezzemolo e menta.

Poiché il succo verde di solito ha un sapore amaro, la maggior parte delle ricette aggiunge piccole quantità di frutta che ne esaltano il sapore complessivo. Le scelte più popolari includono mele, limoni, kiwi, arance, bacche e pompelmi. Le persone dovrebbero però preferire i succhi freschi fatti in casa, al momento. Sono disponibili anche succhi verdi commerciali, ma alcune categorie contengono zucchero, il che riduce l'azione nutritiva della bevanda.

Benefici:

Il succo verde integra efficacemente una dieta equilibrata e sana, ma ha anche molti altri benefici. Le verdure verdi e i loro succhi sono le migliori fonti di molte vitamine benefiche, minerali e composti vegetali. Ad esempio, il cavolo nero è ricco di vitamine A e K, mentre l'erba di grano fornisce molta vitamina C e ferro. Gli studi suggeriscono che mangiare verdure a foglia verde può aiutare a ridurre l'infiammazione, il rischio di malattie cardiache e il deterioramento cerebrale legato all'età.

È stato anche dimostrato che alcuni composti contenuti nel succo fresco, possono agire come prebiotici che nutrono e supportano la crescita di batteri utili del tratto digestivo. Bere succhi di frutta e verdura è un modo semplice ed efficace per aumentare l'assunzione di nutrienti essenziali. Infine, alcune persone, come coloro che hanno subito interventi chirurgici allo stomaco o all'intestino, possono beneficiare del succo verde perché è più facile da digerire.

Effetti collaterali:

Bere succo verde è un ottimo modo per aumentare l'assunzione di una varietà di nutrienti essenziali, ma è necessario prendere in considerazione diversi svantaggi.

● Basso contenuto di fibre

Spremere frutta o verdura rimuove la maggior parte delle fibre essenziali per una dieta sana. Un apporto sufficiente di fibre promuove la salute del cuore sostenendo la pressione sanguigna, la glicemia e il colesterolo e può alleviare alcuni disturbi gastrointestinali come ulcere intestinali reflusso acido e diverticolite. Poiché il succo verde non è ricco di fibre, non deve essere usato come sostituto del consumo di frutta o verdura.

Quando aggiungi succhi verdi, ricorda anche di mangiare molta frutta e verdura integre.

● Può aumentare la glicemia.

Il succo potrebbe non essere l'opzione più sicura per te in caso tu abbia il diabete o qualsiasi altra patologia che influisce sul controllo della glicemia. I succhi di verdura verdi contengono pochi carboidrati e non sono quindi suscettibili di danneggiare lo zucchero nel sangue. Se preferite il succo di frutta verde, sappiate anche che gli zuccheri della frutta possono contribuire a un aumento indesiderato della glicemia. Puoi mitigare questo effetto combinando il succo con un pasto e uno spuntino che contribuisce a fibre e proteine. Questi includono biscotti ai semi di lino, snacks di verdure, insalate di tonno, farina d'avena, latte vegetale non zuccherato e burro di mandorle.

State sempre molto attenti ai succhi verdi acquistati in negozio, controllate gli ingredienti perché potrebbero contenere zucchero aggiunto. Rivedi l'etichetta e assicurati che la frutta o la verdura siano gli unici elementi. Puoi anche esaminare l'etichetta nutrizionale per lo zucchero integrato, che dovrebbe essere zero. Ricorda che questo differisce dagli "zuccheri totali", che viceversa rappresentano lo zucchero naturale nel frutto.

● Può danneggiare i reni.

Bere succo di verdura verde può aumentare l'assunzione di diversi nutrienti, ma troppo può causare effetti collaterali. Sono una ricca fonte di acido ossalico o ossalato, che si suppone sia un anti-nutriente perché si attacca ai minerali negli alimenti e impedisce loro di essere assorbiti dal tratto digestivo.

La quantità di ossalati comunemente consumati dalle verdure in una dieta equilibrata non è pericolosa. Tuttavia, i succhi verdi sono generalmente serbatoi altamente concentrati di ossalato. L'abbondanza di ossalati può avere effetti negativi sulla salute, inclusi calcoli e insufficienza renale. Alcune recenti insufficienze renali acute derivano da un consumo eccessivo di ossalato nei succhi verdi e nei frullati inclusi nei protocolli di pulizia o digiuno. Il succo purificante, lo svezzamento e il digiuno sono una tendenza popolare, ma l'uso di succo di verdura o altro succo come singola fonte di cibo non è mai necessario e può danneggiare la salute.

Se prevedi di includere il succo verde nella tua dieta, fai esercizio con moderazione e mangia pasti stabili che includano una buona varietà di cibi integrali per contrastare gli effetti che ho descritto.

Ricette

● Fai brillare la tua pelle con il succo verde.

Una ricetta integrata con cetriolo, menta e pompelmo è stata creata proprio per mantenere la pelle lucida e idratata tutto l'anno. Puoi farla il giorno prima e conservarla in frigorifero, quindi sarà già pronta la mattina.

● Succo verde rilassante al mattino

Questa ricetta è eccellente per i bambini e coloro che non amano le verdure amare. Richiede miele crudo, ma puoi cambiarlo in agave se vuoi.

● Succhi verdi anti-allergia

Rimuovi la scorza di agrumi in questa ricetta e assicurati che la parte amara non fuoriesca dalla bevanda. Questa bevanda aiuta a combattere le infezioni.

● Succo verde magro

Questo frullato di verdure ha un tocco tropicale con ananas e menta aggiunti. Se l'ananas non è la tua preferenza, puoi aggiungere mango, pesche o albicocche. Aggiungi un cucchiaio di polvere proteica se vuoi uno spuntino post allenamento.

Consigli di cucina

1. Prima di iniziare, acquistare uno spremiagrumi di alta qualità (vedere le istruzioni per le note).

2. Ricorda di acquistare il più possibile prodotti biologici. Se riesci a trovare prodotti naturali, prima lava e sbuccia i frutti.

3. Tagliare i prodotti in piccoli pezzi che si adattano facilmente all'imbuto del succo. E non affrettare il processo di estrazione del succo immettendo troppa quantità di prodotto in una sola volta, questo può intasare.

4. Goditi il succo fresco o entro 24 ore per il miglior contenuto aromatico / nutriente (tieni gli eventuali avanzi ben chiusi in frigorifero fino ad un massimo di 24 ore).

5. Conservare la polpa rimanente da utilizzare per arricchire biscotti, pane e torte fatti in casa.

Trucchi per una migliore cottura degli alimenti Sirt

Quando si inizia una nuova dieta, la prima domanda che ci si pone è: "cosa mangerò e come cucinerò il cibo?"

Numerosi libri di cucina sono disponibili online e nei negozi basati sulla dieta Sirt disponibile per l'acquisto per rendere il tuo viaggio un pò più semplice.

In questo libro abbiamo inserito oltre 80 ricette facili da realizzare, usale per il tuo piano Sirt.

Alcuni suggerimenti e trucchi che possono essere utili ai principianti sono:

● Bevi molta acqua!

● Mangia le tue verdure anche sotto forma di insalata, usa cavolo, rucola, cicoria e cipolle per prepararti un'insalata, aggiungi delle noci e condisci con olio d'oliva extra-vergine e limone. Avrai un pasto completo in pochissimo tempo.

● Preparati un'insalata di frutta con tutti i frutti consentiti con una dieta, come bacche scure, mele, datteri e melograni. Una tazza di macedonia riempirà lo stomaco senza consumare troppo la dose giornaliera di calorie.

● Carne e pesce possono essere consumati con parsimonia a seconda del menu specifico che si sta seguendo, ma quando è possibile utilizzare proteine si può grigliare una bistecca o cuocere un pò di salmone con un'insalata abbondante per regalarti una meritata ricompensa.

● Per chi ama il vino, un pò non farà male dopo cena, purché prometti di non esagerare, un bicchiere è consentito e consigliato a patto che si tratti di vino rosso a basso contenuto di solfiti.

● Se hai un debole per i dolci e brami il cioccolato, prendi un pezzetto di cioccolato fondente e abbinalo a mezza tazza di uno dei tuoi frutti preferiti, se approvati dalla dieta Sirt, e divertiti!

Capitolo 6

Costruire una dieta Sirt che funzioni per te

Quando si entra in un programma di perdita di peso, è necessario studiare tutto su di esso. Devi sapere cosa puoi mangiare quali sono le restrizioni e come tutto ciò ti influenzerà nel risultato.

Tutto questo è molto importante per aiutarti a costruire una dieta che funzioni per te. Come sapete, tutte le diete funzionano al meglio quando anche lo stile di vita cambia rispetto al normale regime di perdita di peso. Quindi devi personalizzare il tuo piano in base al tempo che hai a disposizione, in modo da non caricarti in alcun modo o demotivarti dai tuoi obiettivi.

Tutte le diete vengono progettate con il proprio set di istruzioni, un elenco di cose da fare e da non fare e come considerare gli effetti di entrambi, le istruzioni da seguire correttamente e come non barare. Come per tutte le diete quindi, ci sono istruzioni. Se seguiamo correttamente il regime, saremo in grado di raggiungere i nostri obiettivi e avvicinarci al corpo che abbiamo sognato. In questa dieta particolare, ci sono 2 fasi associate al regime. Entrambe queste fasi durano insieme per un totale di circa tre settimane. Dopo che la dieta è completata, è consigliato seguitare moderatamente continuando ad assumere cibi ricchi di sirtuine fino a raggiungere il peso desiderato e stabilizzarlo per evitare l'effetto "rebound", l'odiato rimbalzo che fa riprendere peso.

La prima fase della dieta Sirt è chiamata "fase di iper successo".

Come ormai abbiamo spiegato più volte, la prima fase della dieta Sirt dura 7 giorni; prevede un deficit calorico calibrato con l'assunzione di molti succhi verdi. Queste misure hanno lo scopo di far ripartire la perdita di peso, attivare le sirtuine nel tuo corpo e aiutarti a perdere fino a 7 kg. o 3,2 kg nei primi sette giorni. Anche se drastico, ha dimostrato la sua efficacia. La prima fase è divisa in due parti: una prima fase definita di attacco nei giorni da 1 a 3, seguita da una seconda di crociera (o mantenimento), dal giorno 4 fino al giorno 7.

● Nei giorni da 1 a 3 è consentito bere tre succhi verdi al giorno e un pasto con un limite di 1000 calorie, compresi gli alimenti a base di latte come parte principale del pasto.

● Nei giorni da 4 a 7, l'apporto calorico viene quindi aumentato, il che include l'assunzione di 2 succhi verdi e due pasti per un totale di 1500 calorie al giorno.

● Il succo verde è composto da tutte le verdure verdi che indichiamo anche nelle ricette e negli esempi in questo libro, e che sono benefici per la nostra salute ma, cosa importante ai fini della perdita di peso ma anche del benessere, comportano grandi benefici per coloro che li consumano regolarmente anche dopo.

Il succo ad esempio può contenere:

1. Cavolo - un potente antiossidante

2. Rucola - un Superfood antitumorale

3. Prezzemolo - anche ricco di antiossidanti e noto per supportare la salute delle ossa.

4. Sedano - che migliora la digestione

5. Mele verdi - un altro potente antiossidante

6. Tè verde matcha - ricco di catecolamine (antiossidanti)

Ed eccoci alla seconda fase della dieta Sirt, che viene chiamata "fase di mantenimento".

La seconda fase della dieta Sirt inizia dopo che i primi sette giorni sono stati completati e dura 14 giorni. A questo punto, siamo entrati nel perimetro vero e proprio della perdita di peso. Quando viene avviata questa fase, aumentiamo l'apporto calorico a 1500 calorie e due bevande verdi al giorno.

Le calorie totali sono suddivise tra 2 pasti al giorno. Questi pasti si basano sugli alimenti ammessi nella dieta Sirt. Si consiglia di continuare questo schema fino a quando non si è persa una buona quantità di peso necessaria per far sentire meglio il proprio corpo.

Sebbene questa fase funzioni molto lentamente, ha effetti che dureranno più a lungo e, a causa della più graduale perdita di peso; il peso infatti, non tornerà così facilmente. Una volta completate queste fasi, sarete incoraggiati a considerare la dieta Sirt e, soprattutto, gli alimenti Sirt, come uno stile di vita. Ad esempio, dovresti continuare a bere il succo verde e imparare ad allenarti regolarmente.

Dopo l'allenamento devi consumare proteine, in modo che l'affaticamento muscolare possa essere riparato. Se stai cercando di perdere quantità maggiori di peso, puoi tornare alla fase uno dopo la fase 2 e continuare questo schema fino a quando non hai perso tutto il peso in eccesso.

I potenziali aspetti ostici della dieta Sirt sono che l'assunzione di un basso contenuto di calorie può risultare un pò estremo. Il consumo di sole 1000 calorie non è sempre considerato salutare. Puoi perdere massa muscolare, influenzando drasticamente il metabolismo. Tuttavia, sebbene la prima fase non sia del tutto equilibrata dal punto di vista nutrizionale, la dieta Sirt effettuata una sola volta con una distanza di almeno tre mesi tra una e l'altra, non è risultata pericolosa per il corpo di un adulto medio sano.

3 motivi per cui la Sirt potrebbe non essere adatta a te.

● È restrittiva, quindi può mettere temporaneamente in difficoltà la tua relazione con i cibi che ami.

Poiché la struttura di questa dieta non è affatto tradizionale e non è una dieta tipicamente bilanciata, potrebbe essere disapprovata da alcuni nutrizionisti.

Tuttavia, se ti senti a tuo confidente e disposto a qualche rinuncia alimentare e se, soprattutto, sei in buona forma e in buona salute, è sicuro che questa dieta può fare al caso tuo: dovresti provarla per avere risultati veramente sorprendenti (consulta comunque sempre il tuo medico prima di iniziare qualsiasi regime alimentare restrittivo).

Capitolo 7
Dopo la dieta Sirt

La dieta Sirt, come detto, ha due fasi principali, della durata massima di tre settimane. Dopodiché, includendo il maggior numero possibile di alimenti a base di Sirt nelle opzioni per i pasti, puoi procedere a "Sirtificare" il tuo stile di vita.

La fase iniziale durerà una settimana e comprende la riduzione delle calorie a 1000 kcal per tre giorni, il consumo di tre succhi verdi di Sirt e un pasto ricco di Sirt al giorno. Le risorse di energia dai quattro ai sette giorni sono aumentate a 1500 kcal, e comprendono due succhi verdi di sirtfood e due pasti ricchi di Sirt al giorno.

Anche se la dieta enfatizza cibi più sani, è pur sempre una dieta restrittiva, in particolare durante le fasi iniziali, sia nelle scelte alimentari che nelle calorie giornaliere.

La seconda fase è nota come periodo di mantenimento ed è di 14 giorni, durante i quali si verifica una più graduale perdita di peso. È un modo pratico e sostenibile per perdere peso. Si raccomandano tre pasti sani ricchi di alimenti Sirt, insieme ai succhi verdi di verdure Sirt.

I due passaggi possono essere ripetuti se si desidera migliorare ulteriormente la perdita di grasso corporeo.

Cosa succede dopo la seconda fase; in che modo questo tipo di dieta è veramente sostenibile?

Per coloro che hanno completato la prima e la seconda fase, ma desiderano continuare sulla rotta intrapresa e continuare con la perdita di peso.

Nella dieta Sirt, il concetto di pasti "truccanti" si adatterà perfettamente allo scopo di soddisfare il senso di sazietà.

Per i migliori risultati, la dieta Sirt non è da intendere come una "dieta" una tantum, ma piuttosto come uno stile di vita. Si consiglia di continuare a consumare una dieta ricca di alimenti Sirt anche dopo il completamento delle prime 3 settimane e di continuare a bere quotidianamente il proprio succo verde.

Si consiglia di evitare l'allenamento troppo intenso durante il primo processo nella fase 1, perché non si consumano molte calorie. Tuttavia, se la dieta diventa parte della vita per te, facilita l'esercizio (e il consumo di proteine) un'ora dopo l'esercizio per rafforzare i muscoli e ridurre al minimo gli eventuali dolori post work out).

Con questa dieta moltissime persone hanno ottenuto una perdita di peso rapida e persistente ed hanno osservato benefici per la salute che hanno migliorato la propria vita, l'inversione dei loro disturbi ed enormi cambiamenti positivi nel loro benessere generale.

Come in ogni dieta, la dieta Sirt ha i suoi effetti collaterali. Anche se certamente non farà male mangiare poco a breve termine, se non sei abituato a mangiare così poco durante il giorno, potresti accusare una maggiore stanchezza, nausea, diminuzione della concentrazione mentale e mal di testa. Ciò può anche portare a movimenti intestinali indesiderati se non si assumono fibre in quantità sufficienti.

Cos'altro?

Si potrebbe presentare talvolta l'alito cattivo, anche se questo sintomo di per sé negativo, dimostra che l'effetto disintossicante della dieta Sirt sta producendo una effettiva depurazione e un buon ricambio cellulare.

Sembra esserci, in effetti, un vantaggio: se consumi molti alimenti a base di latte per un periodo di tempo prolungato, potresti trovare cambiamenti nella salute del cuore a causa dei polifenoli negli alimenti che stai consumando. Se continui a consumare alimenti Sirt dopo aver terminato la dieta, manterrai questi benefici.

Il consumo di cibi più ricchi di sirtuine farà sicuramente bene alla tua salute e puoi incorporarli comodamente nel tuo pasto senza limitarti a un pasto o un succo alla volta.

Non c'è nulla di controindicato nel mangiare più pesce, bacche e verdure a foglia verde (soprattutto perché questi alimenti sono pieni di fibre e proteine) e integrare succo verde a basso contenuto di zucchero è un'aggiunta fantastica per una dieta ancora più sana.

Infine, potresti raccogliere ancor più vantaggi dalla dieta SIRT, senza assolutamente saltare i pasti. Assicurati solo che le tue porzioni siano ragionevoli e che tu riceva le tue calorie da una vasta gamma di fonti.

Sano e Sostenibile

Come abbiamo già avuto modo di sottolineare, ci sono prove crescenti che gli attivatori di sirtuine potrebbero avere una serie di benefici per la salute, la costruzione muscolare e la limitazione dell'appetito. Aiutano l'organismo a regolare i livelli di zucchero nel sangue e ripulire il danno dalle molecole di radicali liberi che possono accumularsi nelle cellule e contribuire anche al cancro e alle malattie cardiache.

Sono state trovate prove significative basate sull'osservazione degli effetti positivi dell'ingestione di sostanze nutritive e bevande ricche di attivatori di sirtuine nel ridurre i rischi di malattie croniche. Ecco perché la dieta Sirt è considerata particolarmente efficace come trattamento anti-age.

Mentre gli attivatori di sirtuine sono presenti in tutto il regno vegetale, solo alcuni tipi di frutta e verdura hanno quantità sufficienti per qualificarsi come alimenti Sirtuin. Un buon esempio riguarda il tè verde, il cacao in polvere, la curcuma, il cavolo nero, le cipolle e il prezzemolo.

Il vantaggio di una dieta ricca di sirtfood la rende molto più versatile di molte altre diete.

Un risultato sorprendente di una dieta Sirt è che le persone hanno perso peso in modo significativo senza riduzione dei muscoli. In effetti, l'aumento di massa muscolare è stato un effetto comune a molte persone, portando ad un aspetto più sviluppato e tonico. Questo è il fascino dei sirtfoods; consentono la combustione dei grassi, ma incoraggiano anche lo sviluppo, il mantenimento e la riparazione dei muscoli.

Ciò è in diretto contrasto con molte altre diete in base alle quali la perdita di peso si verifica perdendo muscolatura, successivo rallentamento del metabolismo che rende più difficile mantenere la perdita di peso.

Vantaggi definitivi della dieta Sirt:

1. Facilita la perdita di peso bruciando grassi e non riducendo la massa muscolare.

2. Prepara il tuo corpo al raggiungimento a lungo termine della perdita di peso.

3. Assicura che il tuo aspetto sia migliore, che si senta bene e fornisca più energia.

4. Evita di sperimentare un digiuno estremo o una fame insostenibile.

5. Evita alle persone sessioni di allenamento troppo stancanti

6. È una porta per una vita migliore, sicura e sostenibile, senza malattie.

Capitolo 8
Dieta Sirt ed Esercizio Fisico

L'implementazione di un metodo di alimentazione che è anche un vero e proprio stile di vita piuttosto che una dieta unica e di tendenza, è importante da capire. Potrebbe non essere così difficile per alcune persone perdere peso o mantenere un peso sano, ma la dieta Sirt può supportare coloro che hanno difficoltà con esso.

Quindi, per quanto riguarda l'integrazione della dieta Sirt con l'esercizio fisico, si raccomanda di evitare completamente l'esercizio fisico troppo estremo, o di incorporare l'esercizio fisico dopo aver iniziato la fase 2 della dieta.

È anche fondamentale identificare abitudini alimentari sane e pratiche che non ti privino di tutto ciò che ti piace e non ti permettano di allenarti. Questo è esattamente ciò che fa la dieta Sirt. La teoria è che tali alimenti stimolano i recettori del "gene magro" che sono normalmente innescati solo dall'astinenza totale e dall'esercizio fisico.

La cosa eccellente è che alcuni cibi e bevande, tra cui cioccolato fondente e vino rosso, includono composti chimici chiamati polifenoli che stimolano i "geni magri" e che imitano (mimano) i benefici dell'esercizio e del digiuno, senza la loro necessità diretta.

Come dicevamo, sarebbe saggio limitare l'esercizio entro la prima settimana della dieta in cui l'apporto calorico è ridotto mentre il corpo si adatta a un minor numero di calorie. Presta attenzione al tuo corpo e quindi non ti esercitare se ti senti troppo stanca o hai meno energia del normale. Nel frattempo, assicurati di rimanere concentrata sui requisiti applicabili a uno stile di vita sano come l'inclusione dei livelli raccomandati di fibre, proteine e frutta e verdura.

È meglio consumare proteine, preferibilmente un'ora dopo l'allenamento quando si fa esercizio. Dopo l'esercizio fisico, le proteine rinforzano i muscoli, diminuiscono il dolore e possono accelerare la guarigione delle fibre muscolari lacerate dall'attività fisica intensa.

Esistono numerose ricette che includono proteine ideali per il consumo dopo gli esercizi, come il Sirt chili con carne, o il pollo alla curcuma e l'insalata di cavolo nero. Puoi prendere in considerazione il frullato di mirtilli Sirt se ti piace qualcosa di più leggero e introdurre polvere proteica.

Un consiglio: gli allenamenti a casa ti permetteranno di scegliere quando devi esercitarti e, soprattutto, saranno ideali per la ottimale gestione dei tempi.

La dieta Sirt può essere un'occasione ideale per migliorare le tue abitudini alimentari, perdere peso e sentirti meglio. Puoi iniziare questa sfida in poche settimane, ma è fondamentale pianificare quali alimenti siano da consumare e identificare quali siano le gustose ricette giuste per te.

Durante le prime settimane, rimani in più positivo possibile con te stessa e, mentre il tuo corpo si adatta, ti consiglio di fare esercizio leggero. Se già fai esercizio fisico, puoi essere in grado di continuare normalmente e mantenere la tua forma fisica in parallelo con l'adeguamento dietetico. Come con qualsiasi cambiamento, tutto dipende anche dalla persona e quindi personalizza e calibra il cambiamento i base alle tue caratteristiche ed alle tue abitudini. Ma ricorda, non non forzare se non sei al 100%.

Come ormai avrai imparato, la dieta Sirt si basa sul presupposto che si attivino i geni delle sirtuine, il che è ciò che da il via alla perdita di peso corporeo vera e propria. Gli alimenti Sirt (che come hai imparato sono alimenti contenenti grandi quantità di sirtuine) attivano i fattori benefici sopra descritti e innescano i geni sirtuini.

Capitolo 9
Un approccio semplice alla dieta:
piano di 1 settimana con i miei pasti dietetici guidati.

Come adesso sai, i nutrienti Sirt sono alimenti ricchi di specifici polifenoli che adatti ad attivare i nostri geni sirtuini. Nei nostri corpi, alimentandoli si lancia su un vero e proprio ciclo di riciclaggio che rimuove il disordine e gli sprechi che si accumulano nel tempo e di solito sono causa anche di una cattiva salute. Contemporaneamente, le nostre cellule attingono ai nostri depositi di grasso per alimentare questo ciclo di riciclaggio.

Ciò si traduce in cellule rivitalizzate, una migliore salute, una maggiore energia e la tanto desiderata perdita di peso.

Le Sirtuine sono i migliori regolatori metabolici per controllare la capacità del corpo di bruciare i grassi e mantenersi in forma

Esse svolgono la funzione di rilevatori di energia nelle nostre cellule e si attivano quando vengono identificate carenze di energia. In questo senso, la dieta Sirt simula, o mima, l'effetto del digiuno, senza tuttavia ricorrere al digiuno vero e proprio.

Il digiuno simulato e l'esercizio fisico attivano i nostri geni sirtuini, ma possono essere difficili nel rimanere efficienti e avere degli svantaggi.

La dieta Sirt è di fatto una dieta di supplementazione per attivare le funzioni metaboliche naturali a smaltire spontaneamente gli accumuli adiposi.

L'evidenza indica che le sirtuine svolgono un ruolo importante nel controllo del ritmo circadiano, dello stress ossidativo, della riparazione del DNA, dell'infiammazione, del metabolismo cellulare, nella prevenzione dei tumori e nella risposta allo stress. Prevengono l'accumulo di nuovi depositi aumentando proprio il metabolismo dei grassi, di fatto riducendo il rischio di di malattie correlate al grasso in eccesso. Le patologie cardiovascolari, alcuni tipi di cancro, diabete di tipo 2 e artrite vengono scongiurati e se ne allontana il rischio; si ritiene che tali benefici siano strumentali all'attivazione delle sirtuine, proprio nella regolazione della durata di vita e nella prevenzione dell'invecchiamento precoce.

Con così tali e tanti di questi vantaggi, adesso puoi chiederti se vale la pena di aumentare i tuoi livelli di sirtuine?

Altra cosa affascinante è che durante la riduzione dei nutrienti, specialmente nella fase 1, attivando gli effetti positivi delle sirtuine, si è dimostrata una significativa riduzione degli stress fisici tipici (e di conseguenza psicologici) delle diete tradizionali.

Quasi tutte le specie animali studiate, tra cui i lieviti (che sono organismi viventi veri e propri), alcuni invertebrati e, ad esempio, i moscerini della frutta, hanno molecole simili alle sirtuine.

Nei mammiferi sono stati descritti sette sirtuine, il più comunemente ricercato è SIRT1.

Tutti e sette richiedono il NAD+ (già descritto nella sua funzione nei capitoli precedenti), che richiede un derivato della vitamina B3 (niacina), per funzionare. La niacina si trova prevalentemente in alimenti come gli sgombri, il salmone (meglio se selvaggio), nelle sardine, nei polli, nei tacchini, nelle anatre e nei cereali integrali.

Esistono molti modi per attivare le sirtuine, tra cui:

- Limitare le calorie

- L'allenamento fisico

- Alimenti ricchi di polifenoli e grassi benefici come gli omega 3

Limiti di calorie

La maggior parte delle analisi su come attivare il SIRT1 si è concentrata sulla restrizione delle calorie (CR). È stato dimostrato che la restrizione calorica contribuisce a prolungare la durata della vita di molti animali, dai semplici lieviti, fino al cane, al gatto e molti altri animali. L'effetto dell'estensione nella durata della restrizione calorica è fortemente correlato a un livello aumentato di sirtuine e all'attivazione di SIRT1. Infatti, anche il digiuno intermittente può aumentare le sirtuine.

La fede che molti dei benefici della restrizione calorica siano dovuti proprio alla capacità di attivazione spontanea delle sirtuine, ciò ha spinto la ricerca a studiare di più sull'impatto degli alimenti nell'attivazione delle nostre sirtuine.

Alimenti che attivano le sirtuine

La letteratura scientifica attuale suggerisce che la maggior parte di quegli alimenti e ingredienti che riteniamo vantaggiosi per la salute, attivano le sirtuine in modo simile alla restrizione calorica.

Altri esempi di alimenti che innescano le sirtuine sono:

Resveratrolo:

è un polifenolo con una vasta gamma di effetti positivi, tra cui effetti antiossidanti, antimicotici, antinfiammatori, antitumorali e antimutageni. Si ritiene che molti degli effetti benefici del resveratrolo siano dovuti alla sua capacità di attivare SIRT1, mentre è probabile che anche altri meccanismi secondari siano in gioco (ci sono ancora studi in corso su questo).

Il resveratrolo si trova nel melograno, nella soia, nelle bacche, nell'uva rossa e nelle arachidi.

Va detto anche che l'integrazione con resveratrolo mostra di contrastare gli effetti dell'allenamento ad alta resistenza sull'attivazione di SIRT1.

Quercetina:

si tratta di un significativo agente antinfiammatorio e antitumorale che ha dimostrato avere effetti protettivi contro una serie di patologie. Questi effetti positivi sono in parte dovuti all'effetto di sovraregolazione della quercetina sul SIRT1. Gli alimenti ricchi di quercetina includono verdure verdi, capperi, cipolle, grano saraceno, mele, tè, agrumi e la maggior parte delle bacche.

L'olio d'oliva:

ha una parte vitale per la salute della dieta mediterranea, olive e olio d'oliva sono ricchi di polifenoli essenziali. Molti degli effetti che promuovono il benessere possono essere dovuti al loro potenziale di attivazione delle sirtuine.

Il cacao:

vari tipi di cacao sono ricchi di flavonoidi e presentano molti vantaggi, in particolare per la salute cardiovascolare. Anche in questo caso, gli studi più aggiornati dimostrano che la maggior parte dei loro effetti positivi derivano dalla loro attivazione delle sirtuine.

Tè verde:

contiene epigallattine che regolano il sirtuino.

Il Piceatannol:

è un analogo del resveratrolo naturalmente presente in alcuni frutti tropicali, vanta straordinarie attività antiossidanti, antitumorali e antinfiammatorie che possono essere attribuibili proprio alla sua capacità di attivazione delle sirtuine. È presente in varie piante, tra cui il il tè bianco, l'uva e il frutto della passione.

Verdure verdi:

l'Indole-3-Carbinol (I3C), è presente in verdure come broccoli e alcuni tipi di cavolo, ha potenti proprietà anticancro. È stato anche scoperto che l'I3C aumenta l'adipogenesi (formulazione grassa) attivando le sirtuine, rendendolo un potente agente contro l'obesità.

La curcuma:

contiene un'enorme quantità di curcumina che ha dimostrato di avere effetti antinfiammatori e neuroprotettivi e, in parte, anch'essa entra in causa nell'attivazione del SIRT1 che promuove le sirtuine.

Alimenti a base di soia:

comprendono isoflavoni con molti effetti benefici già ben osservati in scienza e documentati in letteratura, alcuni dei quali possono essere attribuibili all'attivazione della segnalazione SIRT1. Il tofu, il tempeh (la cosiddetta "carne di soia") e il miso, sono eccellenti fonti di isoflavoni.

Acidi Grassi Omega 3:

diversi studi ci hanno dimostrato che gli acidi grassi omega-3 possono migliorare la funzione cardiovascolare, l'infiammazione, la sensibilità all'insulina e i disturbi autoimmuni. Ciò può essere principalmente dovuto alla loro influenza sull'attivazione del SIRT1.

Melatonina:

nota anche come ormone del sonno a causa della sua interazione con il ritmo circadiano, la melatonina è anche un potente antiossidante e antinfiammatorio. I livelli di melatonina tendono a diminuire con l'età e la loro defezione porta ad alcune delle condizioni degenerative dell'invecchiamento. Ci sono prove certe che la melatonina stimola le sirtuine.

Non è certo una sorpresa che la maggior parte delle persone più longeve e più sane del mondo consumino diete ricche di alimenti che attivano le sirtuine, come quelli nel Mediterraneo e in alcune parti dell'Asia. La dieta mediterranea contiene tradizionalmente frutta, verdura, vino rosso e olio d'oliva, ricchi di polifenoli. La dieta asiatica, viceversa, è naturalmente ricca in isoflavoni provenienti dalla soia e dai suoi derivati e di epigallattine provenienti prevalentemente dal consumo elevato di tè verde che viene fatto in quelle zone.

È quindi facile integrare nella propria abitudine quotidiana una maggior presenza di quegli alimenti che promuovono la salute e la perdita di peso, nella tua dieta. Possono essere anche combinati tra loro per preparare pasti super Sirt!

Alcune delle idee che ho preparato per te, su come incorporare questi alimenti biologici nella dieta sono le seguenti:

- Usa solo l'olio d'oliva (rigorosamente extra-vergine e possibilmente biologico ed estratto a freddo) per cucinare o arrostire le verdure e i condimenti a crudo per le insalate

- Tieni un comodo barattolo di olive con cui fare uno spuntino e incorpora le olive nelle insalate o nei pasti cotti.

Una Tapenade di olive (preparala sminuzzando le olive grossolanamente – al coltello come faresti per una tartara - in modo che la maggiore croccantezza sia utile ad aumentate il senso di sazietà) può essere un buon condimento insieme all'avena grezza o al pane di segale per sfiziosi crostini.

- Cambia il tuo tè e caffè ogni giorno con il tè verde. Per ulteriori vantaggi, aggiungi una spremuta di limone.

- Il miso, ad esempio, può essere usato per aromatizzare zuppe, stufati al posto dei cubetti di brodo. La zuppa di miso, se servita con insalata o pane, offre di per sé uno spuntino o un pasto leggero.

- Per friggere, aggiungi tofu o tempeh. Mescola il tofu anche nelle zuppe, nelle salse, nelle insalate e per preparare dessert più cremosi.

- Muesli, frullati e succhi di frutta con bacche e ribes nero. Lo yogurt naturale con frutti di bosco freschi offre un buon dessert o uno spuntino.

- Mangia sempre le tue verdure Sirt. Il cavolo nero, il cavolo cappuccio e i broccoli sono ingredienti estremamente sani, buoni per qualsiasi pasto e possono quindi essere incorporati in preparazioni arricchite con curry, o stufate in casseruola.

- Non limitare l'uso di spezie al solo curry; aggiungi la curcuma anche a cereali e verdure. La curcuma e altre spezie aromatizzano la tua vita e migliorano l'umore mentre aiutano il metabolismo.

- Per frullati e dessert incorpora la polvere di cacao. Cospargi polvere di cacao o scaglie di cioccolato fondente anche sulle tue insalate.

- Le mele sono lo spuntino veloce e ideale. Prendine una sempre con te.

- La pasta di grano saraceno può essere utilizzata come deliziosa alternativa senza glutine alla pasta di grano, e la farina di grano saraceno può essere utilizzata in prodotti da forno o per addensare le salse. Anche il grano saraceno tende a funzionare bene, puoi integrarlo anche nelle insalate mescolato con verdure arrostite e noci tostate.

Piano pasti per 1 settimana.

Lunedi

Colazione:

immergi 2 cucchiai di polvere proteica di Chia per 20 minuti in 1/2 tazza di latte d'avena o di mandorle. Mescola i mirtilli e servi con noci tritate.

Spuntino Mattutino:

una mela verde.

Pranzo:

gallette integrali con burro di mandorle e erba medica.

Spuntino Pomeridiano:

bastoncini di carote con tapenade di olive nere

Cena:

pagnotta di grano saraceno e noci con olio d'oliva e insalata di foglie e salsa al limone

Martedì

Colazione:

frullato di bacche di tofu: mescola 100 g di tofu con 1/2 tazza di fragole e un cucchiaino di cacao in polvere. Cospargi con semi di canapa.

Spuntino Mattutino:

una pera.

Pranzo:

grano saraceno e una manciata di noci.

Spuntino Pomeridiano:

bastoncini di sedano con burro di mandorle.

Cena:

quinoa, edamame (è il fagiolo verde della soia) e pilaf di melograno

Mercoledì

Colazione:

toast di segale con burro di semi di zucca.

Spuntino Mattutino:

un kiwi.

Pranzo:

pilaf di quinoa e edamame.

Spuntino Pomeridiano:

olive a piacere.

Cena:

tortini di patate dolci e salmone con crescione e rucola

Giovedì

Colazione:

yogurt naturale con frutti di bosco e ribes nero.

Spuntino Mattutino:

un pompelmo.

Pranzo:

tortini di patate dolci e salmone.

Spuntino Pomeridiano:

bastoncini di cetriolo con hummus
(l'hummus è una salsa a base di ceci).

Cena:

Moong Dahl (sono le lenticchie indiane)* con riso rosso

Venerdì

Colazione:

muesli senza zucchero con yogurt di soia naturale.

Spuntino Mattutino:

alcuni fichi secchi.

Pranzo:

Moong Dahl e riso.

Spuntino Pomeridiano:

qualche noce americana e una carota

Cena:

sgombro aneto arrosto con pomodori e verdure al vapore

Sabato

Colazione:

uova biologiche bollite con pane di segale tostato.

Spuntino Mattutino:

una tazza di mirtilli selvatici.

Pranzo:

julienne di carote e mandorle crude con insalata verde.

Spuntino Pomeridiano:

bastoncini di sedano con tapenade di olive nere (il tapenade è una sorta paté in cui le olive sono tagliate in modo grossolano).

Cena:

fagioli e grano saraceno.

Domenica

Colazione:

yogurt naturale con frutti di bosco, ribes nero e noci.

Spuntino Mattutino:

avena con burro di mandorle.

Pranzo:

insalata di fagioli e grano saraceno.

Spuntino Pomeridiano:

½ avocado.

Cena:

carota cruda a piacere più una manciata di mandorle con insalata di germogli di soia

Capitolo 10

Le 80 ricette Sirt

Succhi ed Estratti Verdi (speciale dieta Sirtfood)

Il tuo primo succo Verde Sirtfood

Ingredienti

2 gambi di sedano

½ mela verde

1 cm di zenzero

il Succo di ½ limone

½ cucchiaino di tè verde matcha

75 g di cavolfiore

30 g di rucola

5 g di prezzemolo

Valori nutrizionali

20 g di carboidrati

0% Grassi

2 g di proteine

Preparazione

Spremi il succo di limone direttamente nel tè verde. Versa un pò di succo verde in una bottiglia e aggiungi il The matcha. Aggiungi il succo verde rimasto nel bicchiere, quindi mescola di nuovo. Bevi immediatamente per mantenere la freschezza dei nutrienti.

Succo Wonder Sirtfood Vellutato

Ingredienti

1 manciata di rucola

2 manciate di fragole biologiche,

mirtilli o ribes nero

½ manciata di crescione

3 rametti di prezzemolo

Il Succo di ½ limone o lime

175 ml di acqua filtrata

½ cucchiaino di tè verde matcha

1 manciata di cavolo

Valori Nutrizionali

Carboidrati 1 g

Grassi 0 g

Proteine:1

Preparazione

Metti tutti gli ingredienti nel frullatore tranne il matcha e omogenizza fino a quando il composto non diventa liscio e vellutato. Aggiungi la polvere di tè verde matcha a piacere o, fino a quando non sarà ben bilanciato nel gusto.

Vellutato di Spinaci Mango e Banana

Ingredienti

1 banana

1 mango

Una tazza piena di spinaci baby

1 tazza di latte

1 tazza di ghiaccio (omettere se si
utilizza frutta congelata

Valori Nutrizionali

Carboidrati 45 g

Grassi 4.9 g

Proteine 6.3 g

Preparazione

Metti tutti gli ingredienti nel tuo mixer e mescola per 1-2 minuti o fino a ottenere una crema.

Servi subito per non pregiudicare la freschezza.

Vellutato di Cavolo Nero e Ribes Nero

Ingredienti

2 cucchiai di miele

1 tazza di tè verde

10 foglie di cavolo

1 banana matura

40 g di ribes nero

6 cubetti di ghiaccio

Valori Nutrizionali

Carboidrati 43 g

Grassi 13 g

Proteine 12 g

Preparazione

Lascia cadere il miele nel the verde caldo fino a quando non si dissolve.

Mescola tutti gli ingredienti in un frullatore fino a che il composto no sarà diventato ben liscio e omogeneo.

Servi subito per non pregiudicare la freschezza.

Salsa cremosa al lime e coriandolo

Ingredienti

1 Avocado

1 spicchio d'aglio sbucciato

1/4 di tazza tritata grossolanamente

1/4 tazza di panna acida a basso
contenuto di grassi o yogurt greco

1 cucchiaio di lime fresco

3 cucchiai di olio d'oliva

1/4 cucchiaino di sale kosher

1/4 cucchiaino di pepe nero macinato

Acqua

Valori Nutrizionali

Carboidrati 2 g

Proteine 1 g

Grassi 9 g

Preparazione

Metti tutti gli ingredienti in un mixer o in un robot da cucina.

Procedi fino a che diventi liscio, cercando di fermare la rotazione alcune volte per raschiare i lati verso il basso.
Diluisci il condimento per l'insalata con circa 1/3 di tazza d'acqua fino a raggiungere la consistenza perfetta.

Puoi anche conservare per 1–2 settimane in frigorifero in un contenitore ermetico.

Latte dorato

Ingredienti

2 tazze di latte di cocco, o latte di mandorla

1 cucchiaino di curcuma

pizzico di pepe nero

1/4 cucchiaino di cannella

1-2 cucchiai di sciroppo d'acero

Valori Nutrizionali

Carboidrati 16 g

Grassi 13 g

Proteine 9 g

Preparazione

Unisci tutti gli ingredienti a fuoco medio in una pentola, quindi porta a ebollizione. Fai bollire per 10 minuti lasciando che i sapori si fondano tra loro.
Versa una tazza e goditi questa delizia.

Drink alla Curcuma con Zenzero e Miele

Ingredienti
Curcuma
Zenzero,
Miele.

Valori Nutrizionali
Carboidrati 17 g
Grassi 0 g
Proteine 0 g

Preparazione

Prendi una tazza piena d'acqua, aggiungi la radice di zenzero fresco, un cucchiaino di curcuma e fai bollire. Lascia poi riposare per 2-3 minuti a fuoco spento.

Ora, a piacere, aggiungi il miele.

Nota, il miele non deve mai essere bollito; potrebbe perdere le sue proprietà essenziali.

Vellutata al The Verde e Bacche Rosse

Ingredienti

Tè verde freddo (preparato con sei
bustine di tè)

Frutti di bosco misti congelati

Banana

Miele

Valori Nutrizionali

Carboidrati 39 gr.

Grassi 0 gr.

Proteine 9 gr.

Preparazione

Metti tutti gli ingredienti in un frullatore e mescola fino a quando il composto non diventa liscio e vellutato.

Servi subito.

Uva e di Melone

Ingredienti

Melone bianco

Uva bianca

Valori Nutrizionali

Carboidrati 28 g

Grassi 0 g

Proteine 2 g

Preparazione

Molto semplice: mescola tutti gli ingredienti in un frullatore e servi
fresco

Vellutata di Bacche e Matcha

Ingredienti	Valori Nutrizionali
2 tazze di mirtilli congelati	Carboidrati 39 g
2 tazze di latte di noci	Proteine 7 g
1 banana	Grassi 5 g
2 cucchiai di polvere proteica non aromatizzata	
1 cucchiaio di polvere di matcha	
1 cucchiaio di semi di chia	
¼ di cucchiaino di cannella	
¼ di cucchiaino di zenzero	
Sale	

Preparazione

Frulla tutti gli ingredienti insieme fino a quando il composto non sarà perfettamente vellutato.

Servi in un bicchiere alto.

Cavolo, Edamame e Tofu con Curry

Ingredienti

Per il curry:

3 tazze di cavolo

140 gr. di tofu o funghi

1/4 tazza di mandorle

1/2 cucchiaino di curcuma

Un cucchiaio di polvere di coriandolo

2 cucchiaini di sale

Per il piatto:

1 cipolla

4 spicchi d'aglio

1 pezzo di zenzero da 2 cm.

2 pomodori

Valori Nutrizionali

Carboidrati 29 gr

Grassi 18 gr

Proteine 16 gr.

Preparazione

Schiaccia e metti da parte gli ingredienti da macinare in una pasta densa in un frullatore. Trita grossolanamente il cavolo e il tofu, quindi metti da parte. Scalda a fuoco medio l'olio di cocco. Aggiungi pezzi di stecca di cannella, chiodi di garofano. Lascia cuocere fino a quando non viene rilasciata una luce dorata, con un aroma delicato.

Aggiungi la pasta di cipolla e pomodoro e mescola accuratamente. Riduci un pò 'il fuoco, coprilo dopo un paio di minuti e lascia cuocere per 10 minuti.

Nel frattempo, macina con poca acqua le mandorle fino a ottenere una pasta densa.

La pasta di cipolla e pomodoro, nel frattempo, dovrebbe essere cotta. L'acqua sarà diminuita, la pasta si sarà scurita in un rosso intenso.

Aggiungi un pizzico di curcuma, polvere di coriandolo, sale e cuoci.

Copri nuovamente il cavolo per 5 minuti. A questo punto, appassirà e sarai in grado di combinare completamente.

Aggiungi 1/2 tazza di acqua filtrata e pasta di mandorle e cuoci per altri 5 minuti, spegni prima che si addensino leggermente. Aggiungi il tofu, copri e cuoci altri 5 minuti. Schiaccia grossolanamente il fieno greco nei palmi delle mani per liberare gli aromi e aggiungi il garam masala (mistura di spezie indiane) al curry.

Mescola, assaggia il condimento e togli dal fuoco dopo 2 minuti. Servi caldo con riso integrale, quinoa o pane integrale e, se vuoi, con una spolverata di fieno greco fresco.

Colazione

Vellutata di salute Calda
(al burro di noci o al cioccolato)

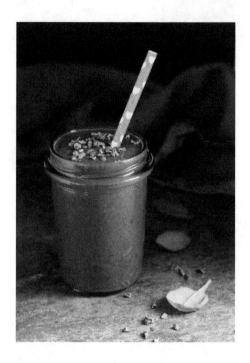

Ingredienti	Valori Nutrizionali

Ingredienti

Burro di noci (o gocce di cioccolato)

Latte di mandorla senza zucchero

Sciroppo d'acero

Fiocchi d'avena

Cacao amaro in polvere

Estratto di vaniglia

Valori Nutrizionali

Carboidrati 51.5 gr

Grassi 12.9 gr

Proteine 12 gr.

Preparazione

La sera prima, aggiungi tutti gli ingredienti (tranne le gocce di cioccolato o il burro di noci) nella ciotola del tuo frullatore, dai un paio di colpi e controlla che sia tutto ben miscelato.

Copri e lascia in frigorifero durante la notte. Lasciare che l'avena si ammorbidisca per alcune ore faciliterà la miscelazione e ti darà un frullato più cremoso.

Una volta pronto, mescolare dall'alto fino a quando l'avena non è completamente scomposta e raggiunge una consistenza ricca e morbida.

Metti il frullato in una casseruola a fuoco medio, aggiungendo le gocce di cioccolato 8 o il burro di noci-dipende dal giusto che preferisci) e porta a ebollizione a fuoco medio.

Quando il frullato raggiunge la temperatura desiderata, mettilo in una ciotola resistente al calore, guarnisci con i condimenti, sciroppo d'acero, cacao in polvere e fiocchi d'avena. Gusta, sarà buonissimo!

Pancakes al Mirtillo

Ingredienti	Valori Nutrizionali
Ingredienti	**Valori Nutrizionali**
Farina Bianca o integrale	Grassi 24.7 g
Sale	Carboidrati 5.1 g
Lievito in polvere	Proteine 37 mg
Zucchero Integrale	
Uova	
Latte	
Burro	
Mirtilli	

Preparazione

Setaccia insieme farina, sale, lievito e zucchero in una tazza grande. In una piccola pentola, uovo e latte sbattuti insieme. Mescola il latte e l'uovo in una miscela di farina, mescola il burro con i mirtilli e piega.

Metti da parte a riposare per 1 ora.

Metti a fuoco medio-alto una piastra o una padella accuratamente oliata. Miscela gli ingredienti per i Pancakes (Farina Bianca o integrale, Sale, Lievito in polvere, Zucchero Integrale, Uova, Latte e Burro) fino ad ottenere una pastella semiliquida, quindi versa la pastella ottenuta sulla piastra (o la padella) calda, utilizza 1/4 di tazza per ogni pancake. Guarnisci con i mirtilli interi e - volendo – aggiungi sciroppo d'acero o miele.

Servi ben caldo.
Facile da fare e veloce da mangiare.

Omelette di Cavolo

Ingredienti

1 cucchiaio di olio

1/3 di tazza di cipolla

1/2 tazza di peperoncino

1 tazza di cavolo, finemente tagliato

2 uova

sale e pepe a piacere

Valori Nutrizionali

Carboidrati 6 gr.

Grassi 24 gr.

Proteine 16 gr.

Preparazione

Scalda l'olio a fuoco medio in una padella.

Quando l'olio è ben caldo, soffriggi le cipolle, per circa 2-3 minuti, fino a renderle quasi trasparenti.

Mescola il peperoncino e continua a cuocere. Aggiungi il cavolo e cuoci per 3-4 minuti, fino a quando il cavolo è appassito.

In una piccola ciotola, nel frattempo, sbatti le uova, il sale e il pepe fino a che il composto non sia ben liscio.

Versa le verdure, e aggiungi le uova come per una normale frittata. Gira quindi la frittata fino a quando non sarà di un bel marrone dorato, normalmente per circa 3 minuti.

Il piatto è pronto.

Servi ben calda.

Muesli, Yogurt, e Mirtilli

Ingredienti

yogurt greco

miele

semi di chia

muesli

mirtilli

lamponi

fragole

Valori Nutrizionali

Carboidrati 34 gr.

Grassi 3 gr.

Proteine 10 gr.

Preparazione

Mescola lo yogurt greco con il miele, il muesli e i semi di chia. Lascia riposare per mezz'ora.

Stratifica la miscela di muesli allo yogurt e le bacche in una tazza di vetro per renderla perfetta. Servi.

Vellutata alla Frutta con Fiocchi d'avena

Ingredienti	Valori Nutrizionali
Fiocchi d'avena	Grassi 44.9 g
1 tazza di latte di soia	Carboidrati 7.6 g
Banana	Proteine 0 mg
Fragole congelate	
Estratto di Vaniglia	
Zucchero integrale	

Preparazione

Unisci il latte di soia, i Fiocchi d'avena, le banane e le fragole in un frullatore. Se necessario, aggiungi la vaniglia e lo zucchero. Mescola fino a che diventa liscio e cremoso.
Versa in bicchieri alti.

Uova Strapazzate con Chili e Curcuma

Ingredienti	Valori Nutrizionali
2 Uova	Carboidrati 2 g
1 pomodoro	Grassi 15 g
2 Cucchiai di olio E.V.di Oliva	Proteine 13 g
1/4 Cucchiai di Peperoncino Rosso essiccato	
1 Cipolla	
Un pizzico di Curcuma in polvere	
1 Peperoncino verde	
Sale Q.B,	

Preparazione

Rompi le uova e sbattile bene in una pentola di medie dimensioni. Sala quanto basta e mescola bene.

Metti una casseruola a fuoco medio e versa l'olio. Taglia le cipolle, i pomodori, il peperoncino verde, il peperoncino rosso secco e applica le foglie di coriandolo e la curcuma in polvere. Aggiungi le cipolle tritate e rosola finché non diventano dorate.

Ora aggiungi il peperoncino verde tritato, il peperoncino rosso secco e la polvere di curcuma e mescola bene nella stessa casseruola.

Quindi aggiungi i pomodori tritati e mescola bene nella stessa padella.

Aggiungi sale come desideri.

Aggiungi le uova sbattute e mescola continuamente per un minuto o due.

Puoi guarnire con del coriandolo se vuoi, servi tutto in tazze capienti a bordo alto.

Servi con pane integrale o riso integrale.

Sormontè di Bianco d'Uova e Spinaci

Ingredienti	Valori Nutrizionali
2 ciuffi di Spinaci	Carboidrati 4 g
1 Pomodoro	Grassi 0 g
2 tazze di Albume	Proteine 13 g
Sale	
½ cucchiaino di Pepe	

Preparazione

Imposta il forno ad una temperatura di 180 gradi.

Ungi degli stampi per muffin.

Quindi distribuisci gli spinaci su 6 tazze in egual misura. Taglia a dadini il pomodoro, quindi aggiungi al pomodoro gli albumi e versa negli stampi. Aggiungi pepe e sale.

Cuoci in forno per circa 15 minuti controllando fino a quando gli albumi si sono ben addensati.

Quinoa Bowl With Za'atar Avocado e Uova

Ingredienti

2 tazze di Quinoa

1 Avocado

1 cucchiaio di Za'atar*

2 succo di Limone

Sale, 2 Uova, Olio d'Oliva, Prezzemolo.

Valori Nutrizionali

Carboidrati 52 gr.

Grassi 25 gr.

Proteine 19 gr.

Preparazione

Lava la quinoa e metti l'equivalente di 2 tazze in una ciotola.
Copri e porta a ebollizione per 12 minuti.
La maggior parte dell'acqua dovrebbe essere assorbita dopo 12 minuti,
spegni il fuoco e lascia riposare la quinoa per 5 minuti.
Affetta l'avocado e mettilo in una ciotola con un pò di limone.
Dividi la quinoa in due ciotole e aggiungi l'avocado.

Spolvera a piacere con sale e Za'atar *(lo Za 'atar è una mistura di spezie tradizionalmente composta da timo, sesamo e sale, ma la cui composizione può anche prevedere origano, cumino, semi di finocchio, santoreggia, maggiorana, sommacco, issopo).*

Cuoci le uova sode, sminuzzale, oppure strapazzate e aggiungile al piatto, come preferisci.
Servi con un filo di limone fresco, olio d'oliva e una spolverata di prezzemolo.

Succo verde Sirtfood Diet

Ingredienti

½ Mela verde

1 cm di Zenzero

Il succo di of ½ Limone

½ cucchiaino di The matcha Verde

2 bastoncini di Sedano

Prezzemolo 5 g

75 g di Cavolo Nero

Valori Nutrizionali

Carboidrati 20 gr.

Grassi 0%

Proteine 2 gr.

Preparazione

Frulla tutti gli ingredienti tranne il tè matcha e il limone .
Spremi manualmente il succo di limone nel tè verde. Versa una parte
del succo ottenuto in un recipiente a parte e aggiungi il The matcha in
polvere. Aggiungi il succo verde rimasto nel bicchiere, quindi mescola di
nuovo.

Bevi immediatamente o metti in frigo per dopo.

Patate Dolci al Forno ripiene d'Uovo

Ingredienti

Quattro uova grandi

Due grandi patate dolci

Sale e pepe.

Condimenti opzionali

cipolle verdi, formaggio
grattugiato, erba cipollina, salsa,
ketchup, avocado, ecc.

Valori Nutrizionali

Grassi 4.8 gr.

62% Colesterolo 186 mg

5% Sodio 107 mg

5% Totale Carboidrati 13.5 g

15% Zuccheri 3 gr.

7% Fibre 2 gr.

Preparazione

Preriscalda il forno a 200 gradi. Lava e asciuga le patate dolci. Pungi tutte le patate con una forchetta prima di posizionarle su una teglia foderata di carta da forno e cuoci fino a quando diventano tenere e morbidi. Togli dal forno quando sono abbastanza morbide da scavarne la polpa con un cucchiaio.

Taglia le patate a metà e scavale con un cucchiaio lasciando un bordo di 1 centimetro circa tutto intorno. Riduci il calore del forno a 180 gradi. Versa un uovo in ogni metà della patata, spolvera con parmigiano grattugiato, aggiungi poi sale e pepe.

Posiziona poi su una teglia da forno per 15-20 minuti fino a quando la parte bianca dell'uovo non si sia cotta completamente.
Se ti piacciono i tuorli morbidi, che colano, controlla la cottura a vista e rimuovi quando avranno livello da te desiderato.
Servi con condimenti a scelta tra gli ingredienti che sono indicati in ricetta.

Vellutata Ananas & Cetriolo

Ingredienti

Una tazza colma di Ananas a cubetti

1/2 tazza di Cetriolo a fette

1/2 tazza d'Acqua

1/4 tazza di latte di Cocco

1 Lime verde, spremuto

2-4 cubetti di Ghiaccio

Verdure di stagione

Valori Nutrizionali

Calorie 225

Proteine 5.2 gr

Carboidrati 52.2 gr.

Fibre 7.9 gr.

Zuccheri 28 gr.

Grassi 3.9 gr.

Sodio 79 mg

Preparazione

Mescola ananas, cetriolo, latte di cocco, succo di lime, verdure, acqua, la scorza del lime e i cubetti di ghiaccio in un frullatore. Frulla ad elevato numero di giri fino a ottenere un composto cremoso e liscio.
Per un frullato più denso, aggiungi più ghiaccio.
Per un frullato più vellutato, puoi aggiungere più acqua, a scelta.

Regola il gusto e l'aroma in base alle esigenze: più succo di lime e scorza per la luminosità del composto, ananas per una maggiore dolcezza, verdure per un colore verde più intenso, latte di cocco se desideri una maggiore cremosità. Servi immediatamente.

Vellutata di Avocado, Sedano & Ananas

Ingredienti

1/2 avocado maturo snocciolato e pelato

2 pezzi di ananas surgelati

2 ciuffi di Spinaci

1 o 2 cucchiai di miele o agave.

Valori Nutrizionali

Calorie 403

Grassi 15 gr. 23%

Potassio 1182 mg 34%

Sodio 71 mg 3%

Carboidrati 71 gr. 24%

Proteine 6 gr. 12%

Calcio 114 mg 11%

Ferro 3 mg 17%
Vitamina C 185 mg 224%

Vitamina A 5964 IU 119%

Preparazione

Aggiungi tutti gli ingredienti al frullatore in questo ordine: acqua, avocado, spinaci, pezzi di ananas congelati. Frulla fino a che diventi liscio.

Spegni il mixer, aggiungi il miele o l'agave per la dolcezza e frulla fino a quando non sarà ben incorporato. Servi fresco.

Snap alla Banana & Zenzero

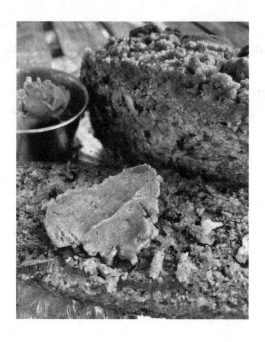

Ingredienti

2 1/2 cucchiai di amido di mais

1/3 tazza di zucchero

2 tazze di latte magro

3 cucchiai di rhum scuro

Un uovo grande sbattuto

Quattro banane medie

Biscotti spezzettati

Valori Nutrizionali

Calorie 369.6%

Grassi 4.9 g 7 %

Colesterolo 59 mg 19 %

Carboidrati 70.5 g 23 %

Zuccheri 41.7 g 66 %

Fibre 3.6 g 14 %

Sodio 210.2 mg 8 %

Proteine 8.2 g 16 %

Preparazione

Mescola lo zucchero e l'amido di mais. Versa il latte in una ciotola di medie dimensioni. Sbatti in miscela lo zucchero per sciogliere l'amido di mais.

Microonde per 4 minuti, mescolando una sola volta.

Miscela un po' di latte caldo con l'uovo sbattuto.

Microonde 750 W per 1 o 2 minuti o più a lungo e comunque fino a quando questa crema pasticcera si addensa. Togli dal fuoco.

Aggiungi uno strato di banane in ciascuno dei quattro singoli piatti da dessert.

Alterna uno strato di biscotti con uno strato di banane. Sulla parte superiore delle banane versa la crema pasticcera ottenuta. Puoi servire sia caldo che freddo.

Cioccolato, Fragole & Cocco

Ingredienti

Fragole sciacquate e asciugate
accuratamente

Una bustina di cocco esiccato una di
cioccolato in gocce

cioccolato fondente

Valori Nutrizionali

Calorie 191

Total Grassi 10 gr.

Sodio 27 mg

Colesterolo 8 mg

Proteine 1 gr.

Carboidrati 26 gr.

Zuccheri 24 gr.

Fibre 1 gr.

Preparazione

Sciacqua le fragole in abbondante acqua corrente e asciugale con un canovaccio di cotone. Aggiungi il cioccolato fondente in una casseruola. Riscaldalo fino a quando il cioccolato si scioglie. Mentre il cioccolato si sta sciogliendo, aggiungi le gocce di cocco e il cioccolato in gocce fino a quando non ottieni pezzi più piccoli.

Poni i trucioli di cocco tritati in un piatto grande, e metti da parte la teglia preparata. Versa il cioccolato fuso in una piccola ciotola e posizionalo accanto alle gocce di cocco tritate. Immergi le fragole nel cioccolato. Lascia indurire la frutta e il cioccolato a temperatura ambiente e conserva in frigorifero fino al momento di servire.

Per la conservazione a lungo termine, puoi anche congelare.

Cioccolato Berry Blend

Ingredienti

1 tazza di bacche miste congelate

1¼ tazze di latte al cioccolato senza
grassi

Yogurt greco

Valori Nutrizionali

Calorie 206 kcal

Preparazione

Unisci le bacche congelate, il latte al cioccolato e lo yogurt greco in un frullatore.
Frullalo finché non diventa cremoso.
Servi immediatamente

Piatti Unici

Miso Marinato con Merluzzo al forno, soffritto Verde e Sesamo

Ingredienti

2 cucchiai di salsa di soia
4 cucchiai di pasta di miso bianca
2 cucchiai di olio extra vergine di
oliva
1 cucchiaio di zucchero
4 filetti di merluzzo da 180 g
Broccoletti, piselli
1 cucchiaino di olio di sesamo
1 cucchiaino di semi di sesamo
2 cucchiai di zenzero sottaceto
giapponese

Valori Nutrizionali

Sale 2.5 gr.
Grassi 12 gr.
Proteine 37.1 gr.
Carboidrati 30.5 gr.
Zuccheri 18 gr.
Fibre 5.7 gr.
Energia 3295 kj

Preparazione

Sbatti lo zucchero, il miso, la soia e l'olio d'oliva in una ciotola fino a che diventa un composto liscio. Distribuisci la pasta ottenuta su tutto il pesce, quindi copri e conserva in frigorifero per 12 ore.

Riscalda una griglia e griglia i filetti ottenuti fino a quando non saranno caramellati e dorati; dai bordi, dovrebbero risultare leggermente dorati ma, senza essere bruciati.
Condisci con olio di sesamo, cospargi con semi di sesamo, e servi con zenzero sottaceto.
Puoi aggiungere asparagi, bolliti a parte, come guarnizione finale.

Petto di Pollo aromatico con Cavolo, Cipolla Rossa e Pomodori in salsa Chili

Ingredienti

2 cucchiaini Curcuma in polvere
120 g di petto di Pollo
Il succo di 1/4 di Limone
50 g di Cavolo bianco tritato
1 cucchiaio di Olio d'oliva extra vergine
20 g di Cipolla rossa, tritata
50 g di Grano Saraceno
1 cucchiaino di Zenzero fresco
Peperoncino tritato finemente

Valori Nutrizionali

Sale **2.5 gr.**
Grassi **12 gr.**
Proteine **37.1 gr.**
Carboidrati **30.5 gr.**
Zuccheri **18 gr.**
Fibre **5.7 gr.**
Energia **3295 kj**

Preparazione

Rimuovi la parte dura dal pomodoro e tritalo molto finemente. Mescola con i capperi, il prezzemolo, il peperoncino e aggiungi succo di limone. Metti da parte per dopo.
Marina poi il petto di pollo con il succo di limone, un cucchiaino di curcuma e un pò d'olio. Lascia riposare per 5-10 minuti.

Scalda una padella resistente al forno e aggiungi il pollo che hai marinato. Metti in forno per 8-10 minuti fino a quando ogni lato diventa dorato chiaro,
Togli dal forno, copri con un foglio e lascia da parte: fai bollire il cavolo per 5 minuti. A parte soffriggi lo zenzero e le cipolle rosse in un pò d'olio fino a renderli morbidi, aggiungi il cavolo bollito e soffriggi per un altro minuto. Secondo le istruzioni della confezione, cuoci il grano saraceno con il restante cucchiaino di curcuma.
Servi insieme a pollo e alla salsa di verdure che hai preparato all'inizio

Noodles con Gamberetti Grano Saraceno

Ingredienti

1 peperoncino tailandese, tritato
finemente

75 gr.di Noodles di grano saraceno

2 cucchiaini di olio extra vergine di
oliva

Code di Gambero

Valori Nutrizionali

Calorie 335

Grassi 5 gr.

Colesterolo 160 mg

Carboidrati 5 1gr.

Proteine 29 gr

Preparazione

Scalda una padella e passa i gamberi in cottura con 1 cucchiaino di olio e un cucchiaino di tamari, per 2-3 minuti.

Metti i gamberi in un piatto.

Per 5 a 8 minuti, cuoci i noodles in acqua bollente. Scola e metti da parte.

Usa l'olio rimanente per soffriggere i peperoncini thailandesi, lo zenzero, l'aglio, la cipolla rossa, il sedano, i fagiolini, il cavolo e il tamari a fuoco medio-alto per 2-3 minuti. Lascia cuocere finché le verdure saranno cotte ma ancora croccanti.

Aggiungi il sedano, i noodles e le code di gambero in padella, fai cuocere di nuovo avendo cura di mantenere la croccantezza; rimuovi dal fuoco e servi.

Fragole al Grano Saraceno su letto di Rucola

Ingredienti

80 g di avocado
50 g di grano saraceno
65 g di pomodoro
1 mazzetto di Rucola
1 cucchiaio di curcuma polvere
20 g di cipolla rossa
1 cucchiaio di capperi
25 grammi di Datteri Medjool,
denocciolati
30 g di prezzemolo
1 cucchiaio di olio extravergine
d'oliva
100 g di fragole sbucciate
Il succo di 1/2 limone

Valori Nutrizionali

Sale 2.5 gr.
Grassi 12 gr.
Proteine **37.1 gr.**
Carboidrati **30.5 gr.**
Zuccheri 18 gr.
Fibre **5.7gr.**
Energia **3295 kj**

Preparazione

Cuoci il grano saraceno in olio d'oliva.

Scola e tieni da parte per raffreddare. Trita finemente la cipolla rossa, i datteri, l'avocado, il pomodoro, i capperi e il prezzemolo, e mescola con il grano saraceno freddo.

Affetta le fragole a parte e mescola delicatamente nell'insalata con il succo di limone e l'olio.

Servi su un letto di rucola.

Tortillas di Grano Saraceno

Ingredienti

2,5 cucchiai di olio d'oliva
3 tazze di farina di grano saraceno
Un cucchiaino di lievito in polvere
Un cucchiaino di sale
1 tazza di acqua calda

Valori Nutrizionali

Calorie 155
Sodio 252 mg.
Grassi 1 gr.
Proteine 5.7 gr.
Carboidrati 33 gr.
Zuccheri 1.5 gr.
Fibre 4.5 gr

Preparazione

Miscela tutti gli ingredienti fino a formare una pastella friabile e fanne una palla grande

Con le mani Realizza 16-18 palline medie o dieci grosse.

Premi delicatamente ogni palla per formare una tortilla piatta.

Rimuovi con cautela ogni tortilla poiché sono molto delicate. Metti in una padella preriscaldata e cuoci per 30 secondi su ciascun lato.

Ripeti fino a quando tutte le tortillas non saranno cotte.

Raw Matcha The Verde

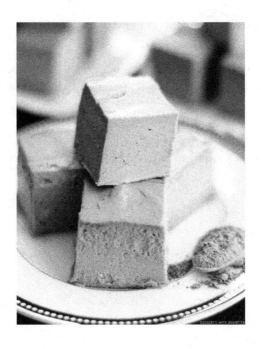

Ingredienti

1 cucchiaino di polvere di matcha
1/2 tazza di latte
1 cucchiaino di zucchero grezzo
1/4 di tazza di acqua bollente
Polvere di matcha extra per
spolverare

Valori Nutrizionali

Per Porzione: 187 g
Calorie 95 kcal

Preparazione

Aggiungi acqua bollente e miscela la polvere in una tazza. Sbatti fino a quando la polvere di Matcha non risulta completamente omogenea.
Aggiungi lo zucchero grezzo e frusta fino a scioglierlo.
Completa con latte caldo e polvere extra di Matcha.

Frittata di Cavolo e Feta

Ingredienti

Un grande ramo di cavolo, tritato grossolanamente

4 uova sbattute

Una manciata di spinaci

Feta, affettata finemente

½ cipolla rossa, tritata

1 cucchiaino di polvere di paprika

Sale e pepe qb

Valori Nutrizionali

Calorie 159.9
Grassi 10.2 g
Potassio 241.3 mg
Colesterolo 217.8 mg
Sodio 184.2 mg
Proteine 12.7 gr.
Carboidrati 5.1 gr

Preparazione

Riscalda una padella in ghisa a fuoco alto, quindi abbassa il calore a medio e aggiungi un poco di olio sulla padella.

Aggiungi le cipolle, lascia dorare per 1 minuto o 2. Aggiungi paprika, sale e pepe. Aggiungi cavolo, spinaci e mescola per 2 minuti.

Prendi gli ingredienti e aggiungili al composto di uova sbattute e mettili da parte.

Preriscalda il forno a circa 180 gradi. Metti in forno per circa 6 minuti, quindi passa nuovamente in una padella per gli ultimi 2 minuti.

Servi ben caldo.

Insalata di Quinoa, Lenticchie, Cavolo e Feta con Salmone

Ingredienti

400 ml di brodo vegetale leggero

140 g di Quinoa

250 g di Asparagi, tagliati

1 cucchiaino di olio d'oliva

140 g di Broccoli, cimette tagliate e dimezzate

100 g di Soia congelata

scorza e succo di un limone

½ spicchio d'aglio, schiacciato
2 filetti di salmone (circa 150 gr.

Ciascuno

Valori Nutrizionali

Calorie 291
Grassi 13 gr. 20.04%
Colesterolo 24 mg 8.03%
Calcio 116 mg 11.6%
Sodio 45 mg 1.86%
Magnesio mg 0%
Potassio 723 mg 20.65%
Ferro 4 mg 19.65%
Fibre 5 g 19.41%
Totale Carboidrati 30%
Proteine 15 g
Zuccheri 2 g
Vitamina C 89.44%
Vitamina A 136.25%

Preparazione

Risciacqua la quinoa e mettila in una padella antiaderente. Scalda la padella e asciuga i grani. Aggiungi l'olio quando il liquido residuo è evaporato. Cuoci la quinoa fino a quando non diventa nocciola e inizia a scoppiare come popcorn.

La procedura richiederà 10-15 minuti. Mescola continuamente per fermare l'eccessiva combustione della quinoa. Versa nel brodo, cuoci a fuoco lento per 15-20 minuti fino a quando tutto il liquido non si assorbe. Metti in una ciotola e lascia raffreddare. A parte fai bollire una grande pentola d'acqua. Metti gli asparagi, i semi di soia e i broccoli, cuoci a fuoco lento per 2 minuti.

Con l'acqua vegetale, aggiungi 1 cucchiaino di succo di limone nella padella, quindi abbassa il fuoco per 6-8 minuti fino a cottura.

Togli dal fuoco, lascia raffreddare. Mescola del succo di limone, aglio e scorza di limone e prepara una salsa leggera.

Condisci i seguenti ingredienti dopo averli miscelati: quinoa, lenticchie, verdure sgocciolate, cipollotti, spinaci ed erbe. Poni il salmone (cotto a parte a vapore) sul letto di verdure, cospargi con scorza di limone e con le mandorle rimanenti e servi ben caldo.

Pollo fritto e Broccoletti

Ingredienti

Un cucchiaio di mirin o sherry secco

Un cucchiaio di albume d'uovo

1/4 tazza di salsa di ostriche

Tre cucchiai di amido di mais

Due mazzi di broccoletti a pezzi

1 kg di petto di pollo

2 cucchiai di olio extra vergine di oliva

Un cucchiaio di zenzero tritato

Valori Nutrizionali

Calorie 391 kcal
Proteine 60 g
Carboidrati 5 g
Grassi Saturi: 3 g
Grassi 13 g
Trans Grassi 0.1 g
Grassi Polinsaturi: 1 g
Grassi Monoinsaturi: 2 g
Sodio 636 mg
Colesterolo 165 mg
Potassio 850 mg
Zuccheri 1 g
Fibre 1 g
Vitamina A: 1500 IU
Vitamina C: 82.5 mg
Ferro 2.5 mg
Calcio 70 mg.

Preparazione

Fai bollire una pentola d'acqua. Sbatti con un cucchiaio di legno, amido di mais, albume d'uovo, Mirin (o sherry) in una ciotola media. Aggiungine un sorso al pollo o poi ricopri.

Mescola la salsa di ostriche, i restanti due cucchiai di amido di mais e 1/2 tazza di acqua in una ciotola. Aggiungi i broccoletti all'acqua bollente, cuoci fino a quando diventano teneri. Scola e sciacqua in acqua fredda, in una padella antiaderente scalda un cucchiaio di olio d'oliva, a fuoco medio. Aggiungi il pollo e cuoci per circa 4 minuti.

Aumenta la temperatura e aggiungi un cucchiaio di olio d'oliva. Aggiungi lo zenzero e l'aglio, quindi soffriggi il composto per 30 secondi. Aggiungi i peperoni e gli scalogni; soffriggi ancora per un minuto.

Aggiungi broccoletti, pollo e noci, soffriggi altri 2 minuti. Sbatti la miscela di salsa di ostriche e aggiungi alla padella. Cuoci, fino ad addensare, continuando a mescolare per circa 3 minuti. Servi decorando a piacere con il pollo.

Frittata con Cipollotto e Asparagi

Ingredienti

6 uova, leggermente sbattute

Un mazzetto di asparagi, tagliato,
affettato sottilmente in diagonale

1/3 di tazza (80 ml) di panna

Quattro cipollotti, tagliati, tagliati a
fettine sottili

20 g di burro

Un cucchiaio di capperi, scolati, tritati
grossolanamente

1/4 di tazza grossolanamente

Valori Nutrizionali

Energia 1289 kj
Grassi Total 24 g
Grassi Saturi 11 g
Proteine 21 g
Colesterolo 371 mg
Sodio 328.29 mg
Carboidrati (totali) 2 g

Preparazione

In una ciotola resistente al calore, posiziona gli asparagi. Copri con acqua bollente e attendi 1 minuto. Sbatti la panna e le uova e condisci poi con pepe e sale. A parte preriscalda una griglia.

Sciogli il burro in una padella antiaderente. Aggiungi i capperi e i cipollotti e cuoci fino a quando la cipolla si ammorbidisce mescolando di tanto in tanto. Aggiungi il tonno, l'aneto, gli asparagi e la menta, mescola brevemente fino a quando non vengono combinati. Versa il composto con le uova.

Riduci il calore da medio a basso. Cuoci fino a quando la base è dorata. Predisponi il Top decorativo con aneto, menta e cipollotto.

La Paleo Pizza Mediterranea

Ingredienti

Per la crosta della pizza:

Sale marino 1 cucchiaino

Farina di tapioca 120 g

Mix di spezie italiane 2 cucchiai

Farina di cocco 45 g

Acqua (calda) 120 ml

Olio d'oliva 120 ml

Uovo (sbattuto) 1 pezzo

Per il condimento:

1/2 Zucchina

Passata di pomodoro 2 cucchiai

1/2 Melanzana

Olio d'oliva 2 cucchiai

Valori Nutrizionali

Grassi 67% (54 g)
Carboidrati 29% (54 g)
Proteine 4% (7 g)
46 g di cui, 8 g Fibre
734 Calorie (per porzione)

Preparazione

Taglia le verdure a fettine sottili. Preriscalda il forno a 180° e posiziona una teglia con carta da forno. Mescola la tapioca con la farina di cocco, sale, erbe italiane in una grande ciotola. Versa l'acqua calda e l'olio d'oliva e mescola bene. Aggiungi l'uovo; continua a mescolare fino a quando non si trasforma in un impasto liscio.

Nel caso in cui la miscela sia troppo sottile, aggiungi un cucchiaio di farina di cocco fino a quando non ha lo spessore desiderato. Attendi qualche minuto e poi aggiungi altra farina di cocco, poiché ci vorrà tempo per assorbire l'umidità.

Otterrai un impasto morbido e appiccicoso. Dividi l'impasto in due parti sulla teglia da forno e stendile in piano: cuoci in forno a 180° per circa dieci minuti. Distribuisci il pomodoro, le zucchine e le melanzane sulle pizze in modo sovrapposto.

Cuoci in forno per altri 10-15 minuti dopo aver spruzzato olio d'oliva sulla pizza. Prima di servire puoi arricchire o meno, a piacere, con aceto balsamico.

Zuppa di Tofu & Funghi Shiitake

Ingredienti

4 tazze di brodo di pollo

Un cucchiaio di miso

2 cucchiai di salsa di soia

Un cucchiaio di sakè

Un cucchiaio di Mirin (o sherry)

120 gr. di tofu, tagliato a cubetti

3 cipolle verdi, tagliate in diagonale

50 gr. di funghi enoki

75 gr.di Funghi shiitake

Tagliatelle di vermicelli cinesi

Cipolle verdi e funghi enoki extra per guarnire

Valori Nutrizionali

Calorie 288
Calorie da Grassi 26%
Grassi Saturi1.5 g
Grassi 8.5 g
Proteine 18 g
Carboidrati 33 g
Sodio 805 mg
Fibre 2.1 g
Colesterolo 25 mg

Preparazione

Aggiungi la salsa di soia, il brodo di pollo, la pasta di miso, il sakè e il Mirin in una casseruola media e porta a ebollizione.

Diminuisci il calore e fai sobbollire per due minuti. Aggiungi i vermicelli cinesi di soia, i funghi e il tofu, torna a mettere in ebollizione, poi abbassa la temperatura e fai sobbollire per 6 minuti circa. Aggiungi le cipolle verdi, fai sobbollire per altri 2 minuti.

French Toast alla Stroganoff

Ingredienti

Un cucchiaino di senape di Digione

Un filone di pane francese

1/4 tazza di funghi

Un cucchiaio di olio d'oliva

Un cucchiaino di pepe macinato

Un cucchiaino di sale kosher

1 tazza di cipolla a dadini

Tre cucchiai di burro non salato

1 kg di carne macinata di manzo

Valori Nutrizionali

Proteine 33 g
Sodio 40 mg
Grassi 30 g
Zuccheri 4 g
Calorie 563 kcal

Preparazione

Preriscalda il forno a 200 gradi. Sulla teglia posiziona le metà del pane francese, per il ripieno alla Stroganoff tieni a parte un pò di pane extra.

Aggiungi olio d'oliva e funghi, inforna a fuoco medio-alto per 3 minuti finché i funghi non diventano dorati. Condisci con 1/2 cucchiaino di pepe e 1/2 cucchiaino di sale. Rimuovi i funghi e ponili in una ciotola, quindi mettili da parte. Regola il calore del forno a medio e aggiungi il burro.

Quando il burro si è sciolto, aggiungi la cipolla, l'aglio e il pepe e il sale rimanenti. Cuoci fino a quando la cipolla e l'aglio si sono ammorbiditi.

Aggiungi la carne di manzo in forno e rosola fino a cottura. Aggiungi la paprika e la farina al composto di carne macinata e mescola fino a quando tutto si sia ben combinato. Mescola i funghi cotti.

Rimuovi la miscela di carne macinata dal forno e mescola con panna acida e con la senape di Digione. Riempi ogni metà del pane con metà dose di formaggio e metà col composto di carne macinata.

Rimetti la teglia in forno e cuoci il pane ripieno fino a quando il formaggio diventa dorato e pieno di bolle. Raffredda tutti i pani per circa 5 minuti, quindi taglia come se fossero dei toast. Se lo si desidera guarnisci con prezzemolo fresco tritato.

Chili Sirt con Carne

Ingredienti

1 cipolla grande
1 peperone rosso
2 spicchi d'aglio
1 cucchiaio di olio
Una cucchiaiata di peperoncino in
polvere
1 cucchiaino di paprika
1 cucchiaino di cumino macinato
500 g di carne macinata magra
1 cubetto di manzo
400 g di pomodori tritati
½ cucchiaino di maggiorana

1 cucchiaino di zucchero
2 cucchiai di passata di pomodoro
410g di fagioli rossi

Valori Nutrizionali

Kcal: 387
Grassi 17 g
Grassi Saturi: 6 g
Carboidrati 25 g
Zuccheri 1 g
Fibre 6 g
Proteine 36 g
Sale: 2.32

Preparazione

Prepara le tue verdure. Trita una cipolla grande in piccoli dadi di circa 5 mm.

Il modo più semplice per farlo è tagliare la cipolla a metà dalla radice alla punta, sbucciarla e tagliarla a metà in grossi fiammiferi per il lungo, non tagliando fino all'estremità della radice. Affetta poi questi fiammiferi in dadi ordinati. Taglia un peperone a metà nel senso della lunghezza, rimuovi il gambo e lava via i semi, quindi trita. Sbuccia e trita finemente due spicchi d'aglio.

Iniziamo a cucinare.

Metti la padella sul piano cottura a fuoco medio. Aggiungi 1 cucchiaio di olio per 1-2 minuti fino a quando diventa caldo.

Aggiungi la cipolla e cuoci, mescolando abbastanza frequentemente, per circa 5 minuti o fino a quando la cipolla è morbida e leggermente traslucida.

Aggiungi l'aglio, 1 cucchiaino di peperoncino in polvere, 1 cucchiaino di paprika e 1 cucchiaino di cumino macinato. Mescola bene e lascia cuocere per altri 5 minuti, mescolando di tanto in tanto.

500 g di carne macinata magra. Accendi il fuoco, aggiungi la carne nella padella e spezzala con il cucchiaio o la spatola. Il mix dovrebbe sfrigolare un pò quando aggiungi il trito. Continua a mescolare e ad agitare per almeno 5 minuti, fino a quando tutto il trito è in grumi uniformi e non ci sono più punte rosa. Assicurati di mantenere il calore abbastanza alto affinché la carne si frigga e diventi marrone, piuttosto che stufare.

Ora puoi preparare la salsa.

Sbriciola un dado di brodo di manzo in 300 ml di acqua calda. Versalo nella padella con la miscela di trito. Aggiungi 400g di pomodori tritati, ½ cucchiaino di maggiorana essiccata, 1 cucchiaino di zucchero e aggiusta di sale e pepe. Versa 2 cucchiai di passata di pomodoro e mescola bene la salsa. Fai sobbollire delicatamente, mescola bene e metti un coperchio sulla padella.

Abbassa il fuoco fino a quando non gorgoglia delicatamente e lascialo per 20 minuti. Controlla la padella di tanto in tanto per mescolarla e assicurati che la salsa non si attacchi sul fondo della padella o non si asciughi. In tal caso, aggiungi un paio di cucchiai di acqua e assicurati che il calore sia corretto.

Dopo aver fatto sobbollire delicatamente la miscela di trito dovrebbe apparire densa, umida e succosa. Scola e sciacqua 400 g circa di fagioli rossi in un setaccio e aggiungili nella pentola. Porta di nuovo a ebollizione delicatamente senza coperchio per altri 10 minuti, aggiungendo un pò di acqua se ti sembrasse troppo asciutto. Assaggia e condisci. Probabilmente ci vorrà molto più condimento di quanto pensi. Ora togli il coperchio, spegni il fuoco e lascia riposare per 10 minuti prima di servire. Questo è importante in quanto consente ai sapori di amalgamarsi perfettamente.
Servi con panna acida e riso integrale bollito.

Insalate

Super Insalata Sirtfood con Salmone

Ingredienti

50 g di rucola

50 g di foglie di cicoria

100 g di salmone affumicato

Valori Nutrizionali

Calorie 179 kcal

Carboidrati 32 gr.

Proteine 8 gr.

Grassi 2 gr.

Sodio 479 mg.

Potassio 395 mg

Preparazione

Metti le foglie di insalata su un piatto o in una ciotola capiente. Mescola tutti gli ingredienti e servi ponendo il salmone affumicato sopra le foglie.

Insalata di Coriandolo, Lime, Fagioli Neri e Quinoa

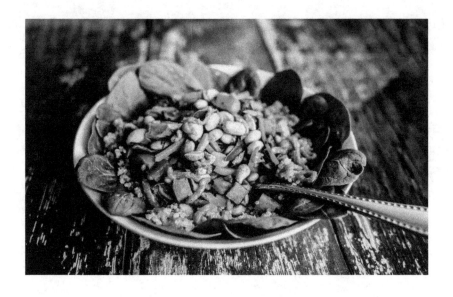

Ingredienti

3 tazze di quinoa già cotta

fagioli neri, sciacquati e drenati

½ tazza di coriandolo fresco tritato finemente

Succo + scorza di 1 lime

2 cucchiaini di sale marino

Valori Nutrizionali

Calorie 179 kcal
Carboidrati 32 g
Proteine 8 g
Grassi 2 gr.
Sodio 479 mg
Potassio 395 mg
Fibre 7 gr.
Zuccheri 1 gr.
Vitamina A: 90 IU
Vitamina C: 5.5 mg
Calcio 44 mg
Ferro 2.8 mg

Preparazione

Aggiungi tutti gli ingredienti in una ciotola capiente e mescola per unire e amalgamare.

Puoi servire immediatamente o conservare in frigorifero fino al momento di servire.
Goditela soprattutto in estate perché è depurativa e soprattutto freschissima!

Insalata al Salmone con crema alla Menta

Ingredienti

1 filetto di salmone (130 gr.)

40 gr. di foglie di insalata mista

40 gr. di foglie di spinaci giovani

Due ravanelli, tagliati e tagliati a fettine sottili

Cetriolo da 5 cm (50 gr.), tagliato a pezzi

2 cipollotti, tagliati e tagliati

Una manciata (10 gr.) di prezzemolo, tritato in modo grossolano

Preparazione

Preriscalda il forno a 200° C (ventilato a 180°). Posiziona il filetto di salmone su una teglia e cuoci per 16-18 minuti fino a cottura ultimata. Togli dal forno e metti da parte. Il salmone è altrettanto buono, sia caldo che freddo nell'insalata.

Se il salmone avesse la pelle, è sufficiente cuocere la pelle con il lato rivolto verso il basso e rimuovere la pelle usando un coltello da pesce dopo la cottura. Dovrebbe scivolare via facilmente quando cotto.
In una piccola ciotola, mescola maionese, yogurt, aceto di riso, foglie di menta, sale e pepe e lascia riposare per almeno 5 minuti per consentire ai sapori di amalgamarsi. Disponi le foglie di insalata e gli spinaci su un piatto da portata e condisci con i ravanelli, cetrioli, cipollotti e prezzemolo.
Poni il salmone già cotto sull'insalata e aggiungi la salsa.
Il piatto è pronto.

Insalata di Pollo allo Yogurt

Ingredienti

1 petto di Pollo
75 gr. di yogurt naturale magro
Il Succo di 1/4 di limone
1 cucchiaino di coriandolo, tritato
1 cucchiaino di curcuma
1/2 cucchiaino di curry

Rucola quanto basta

Valori Nutrizionali

Proteine 5 gr.

Grassi 10 gr.

Carboidrati 15 gr.

Preparazione

Mescola lo yogurt, il succo di limone, il coriandolo e le spezie in una ciotola.

Aggiungi tutti gli ingredienti rimanenti e servi il petto di pollo, tagliato a strisce e precedentemente scottato, su letto di rucola.

Insalata di pasta di grano saraceno

Ingredienti

Un pacchetto di spaghetti o eliche di
grano saraceno

2 cucchiai di olio d'oliva

1 cucchiaino di aceto balsamico

1 cucchiaino di succo di limone

1 cucchiaino di sciroppo d'agave

2 gambi di sedano

1 peperone rosso, piccolo

1/2 cipolla rossa

Sale e Pepe

Valori Nutrizionali

Grassi 10 gr.

Grassi Saturi 3 gr.

Sodio 381 mg

Potassio 103 mg

Carboidrati 23 gr.

Fibre 2 gr.

Zuccheri 4 gr.

Proteine 23 gr.

Preparazione

Riempi una grande casseruola con acqua e porta ad ebollizione. Aggiungi la pasta e continua a bollire delicatamente fino a 8 1/2 minuti,

Controlla regolarmente per assicurarti che non sia troppo cotta. Togli dal fuoco, scola immediatamente e sciacqua con acqua calda.

Trasferisci in una grande ciotola e mescola con 1 cucchiaio di olio d'oliva. Copri e metti in frigorifero fino a che non sarà completamente freddo. Mescola poi con olio d'oliva extravergine, aceto balsamico, succo di limone e sciroppo d'agave. Accantona.

Trita il sedano in piccoli pezzi, insieme al peperoncino rosso. Trita finemente la cipolla rossa.

Rimuovi la pasta dal frigorifero e mescolare attraverso il condimento. Aggiungi il sedano, il peperoncino, la cipolla rossa, il sale e il pepe e mescola.
Servi immediatamente,

Spiedini di Insalata Greca (Sirtfood)

Ingredienti

2 spiedini di legno, immersi in acqua 30 minuti prima dell'uso

8 grandi olive nere

8 pomodorini

1 peperone giallo, tagliato in otto quadrati

½ cipolla rossa, tagliata a metà e divisa in otto pezzi

100 g di cetriolo (circa 10 cm), tagliato in quattro fette e tagliato a metà

100 g di feta, tagliata in 8 cubetti

Per il Condimento

1 cucchiaio di olio extra vergine di oliva
Il Succo di ½ limone
1 cucchiaino di aceto balsamico
½ spicchio d'aglio, sbucciato e schiacciato
Poche foglie di basilico, tritate finemente (o ½ cucchiaino di erbe miste essiccate per sostituire basilico e origano)
Poche foglie di origano, tritate finemente
Sale e pepe nero macinato

Preparazione

Infila ogni spiedino con gli ingredienti dell'insalata. Nell'ordine: oliva, pomodoro, peperone giallo, cipolla rossa, cetriolo, Feta, pomodoro, oliva, peperone giallo, cipolla rossa, cetriolo, ancora Feta.
Metti tutti gli ingredienti in una piccola ciotola e mescola accuratamente.
Servi i tuoi spiedini.

Insalata di pollo al Sesamo

Ingredienti

1 cucchiaio di semi di sesamo

1 cetriolo, sbucciato, diviso in due nel senso della lunghezza, privo di un cucchiaino e tagliato a fette

100 g di cavolo, tritato grossolanamente

60 gr. di pak choi, tritato finemente

½ cipolla rossa, affettata molto finemente

Prezzemolo (20 gr.), tritato

150 gr. di pollo cotto, tritato

Per il condimento

1 cucchiaio di olio extra vergine di oliva

1 cucchiaino di olio di sesamo

Il Succo di 1 lime

1 cucchiaino di miele chiaro

2 cucchiaini di salsa di soia

Preparazione

Tosta i semi di sesamo in una padella asciutta per 2 minuti fino a quando diventano leggermente dorati e profumati. Trasferisci in un piatto per raffreddare.

In una piccola ciotola, mescola l'olio d'oliva, l'olio di sesamo, il succo di lime, il miele e la salsa di soia per preparare il condimento.
Metti il cetriolo, il cavolo nero, il pak choi, la cipolla rossa e il prezzemolo in una ciotola capiente e mescola delicatamente. Versa sopra la preparazione e mescola di nuovo. Distribuisci l'insalata tra due piatti e sopra poni il pollo precotto, tagliuzzato.
Cospargi con semi di sesamo appena prima di servire.

Super Insalata di Salmone

Ingredienti

50 gr. di rucola

50 g di foglie di cicoria

100 gr. di salmone affumicato a fette
(puoi usare anche petto di pollo cotto
o tonno al naturale)

80 gr. di avocado, sbucciato, pelato e
affettato

40 gr. di sedano, affettato

20 gr. di cipolla rossa, affettata

15 gr. di noci tritate

1 cucchiaio di capperi

1 grande data Medjool, tritata

1 cucchiaio di olio extra vergine di
oliva

Il Succo ¼ di limone

10 gr. di prezzemolo, tritato

10 gr. di sedano o foglie di sedano,
tritate

Preparazione

Disponi le foglie di insalata su un piatto grande.

Mescola tutti gli ingredienti rimanenti e servi sopra le foglie.

Insalata di Tonno e Uova con Riso, Capperi e Cetrioli

Ingredienti

1 cipolla gialla a dadini

2 uova sode tritate

1 lattina di tonno al naturale

1 tazza di riso bianco cotto

1-2 cucchiai di capperi

2-3 piccoli cetrioli tagliati a fiammifero

2-3 cucchiai di maionese

sale e pepe q.b.

Valori Nutrizionali

Grassi 15 gr.

Grassi Saturi: 3 gr.

Colesterolo 138 mg

Sodio 381 mg

Potassio 503 mg

Carboidrati 23 gr.

Fibre 2 gr.

Zuccheri 4 gr.

Proteine 23 gr.

Preparazione

Unisci tutti gli ingredienti in una ciotola e mescola amalgamando molto bene gli ingredienti. Lascia riposare il composto a temperatura ambiente per almeno mezzora.

Servi come insalata o come una crema grezza, spalmabile su crackers o pane integrale.

Zuppe

Insalata di cavolo e Mela

Ingredienti

1/4 tazza di pancetta tritata

Un grosso cavolo (circa 250 grammi), steli rimossi

1/4 tazza di prezzemolo fresco

3 cucchiai di olio extra vergine di oliva

4-6 tazze di brodo di pollo o di verdure

1/2 cipolla gialla, sbucciata e tritata

1 mela Granny Smith, tagliata e tritata

1/4 cucchiaino di sale

1/4 cucchiaino di Pepe nero

2 cucchiaini sciroppo d'acero

1 peperoncino in pezzi

Panna

Sciroppo d'acer

Preparazione

In una pentola dal fondo pesante a fuoco medio-alto, cuoci la pancetta fino a quando non inizia a rosolare, circa 1-2 minuti. Aggiungi il cavolo, il prezzemolo e un cucchiaio di olio d'oliva, mescolando per amalgamare il cavolo e il prezzemolo nella parte grassa.

Cuoci, mescolando di tanto in tanto fino a quando il cavolo è appassito, circa 5 minuti. Aggiungi circa 2 tazze di brodo e fai sobbollire il composto: cuoci per 10 minuti. Rimuovi la pentola dal fuoco e mettila da parte per raffreddarla leggermente.

Trasferisci con cura la miscela di cavoli nel frullatore e frullali fino a che il composto diventa liscio. Presta attenzione durante il trasferimento e la miscelazione di liquidi caldi e, se necessario, lavora in lotti.
Trasferisci il composto di cavolo miscelato in una ciotola pulita e mettilo da parte. Metti la pentola a fuoco medio-alto e scalda i restanti due cucchiai di olio d'oliva.

Aggiungi la cipolla e soffriggi, mescolando di tanto in tanto, per circa 3 minuti o fino a quando ammorbidito. Mescola la mela tritata, il sale e il pepe nero e cuoci per altri 2 minuti. Aggiungi 2 tazze di brodo e fai sobbollire il composto: cuoci per 5 minuti. Rimuovi la pentola dal fuoco e mettila da parte per farla raffreddare leggermente.

Trasferisci con cura la miscela di mele sul tuo frullatore e frulla fino a che il composto è omogeneo.

Aggiungi la miscela di mele e lo sciroppo d'acero alla miscela di cavolo mescolata, mescolando per combinare. Riscalda nuovamente la zuppa se necessario, aggiungendo altro brodo per diluirlo fino alla consistenza desiderata. Versa la zuppa ancora calda in ciotole per servire.
Fai un Top con una spolverata di scaglie di peperoncino essiccato, pepe nero e un filo di panna e/o sciroppo d'acero, se lo desideri.

Zuppa di Lenticchie

Ingredienti

1 cipolla tritata
1/4 di tazza di olio d'oliva
2 carote a dadini
2 gambi di sedano, tritati
2 spicchi d'aglio, tritati
1 cucchiaino di origano
1 foglia di alloro
1 cucchiaino di basilico essiccato
1/2 pomodori (350 gr. circa)
2 tazze di lenticchie secche
8 tazze d'acqua

Valori Nutrizionali

Grassi Totali: 10 gr.

Colesterolo 0 mg

Proteine 18.3 gr.

Zuccheri 3 gr.

Calcio 98 mg

Ferro 6 mg

Preparazione

In una grande pentola, scalda l'olio a fuoco medio. Aggiungi cipolle, carote e sedano; cuoci fino a quando la cipolla è tenera. Mescola ora con aglio, alloro, origano e basilico; e cuoci per 2 minuti. Mescola le lenticchie e aggiungi acqua e pomodori.

Porta ad ebollizione. Riduci il calore e cuoci a fuoco lento per almeno 1 ora.

Quando è pronto per servire mescola gli spinaci e cuoci fino a quando non si asciuga. Mescola ora l'aceto e condisci a piacere con sale e pepe. Pronto: buon appetito.

Zuppa di Cavolfiore e Noci

Ingredienti

1 cavolfiore medio

1 cipolla media

2 c di pollo o verdure. azione

2 cl di latte scremato

3 cucchiai di pezzi di noce

sale e pepe nero

paprika e noci tritate per guarnire.

Preparazione

Taglia il cavolfiore e spezzalo in cimette. Metti il cavolfiore, la cipolla e il brodo in una grande casseruola. Porta a ebollizione, copri e cuoci a fuoco lento per circa 15 minuti fino a quando diventa morbido. Aggiungi latte e noci, frulla con un frullatore ad immersione fino a che diventa un composto liscio. (o utilizzare un robot da cucina) Condisci per gustare, riscalda, guarnisci e servi in tavola.

Zuppa di Sedano & Gorgonzola

Ingredienti

4 cucchiai di burro

1 testa di sedano, tritata

1 cipolla piccola, tritata

2 spicchi d'aglio, tritati

1 grande patata, e tagliata a dadini molto piccoli

1/4 tazza di farina

2 tazze di brodo di pollo (o

1/4 cucchiaino di pepe bianco

1/8 cucchiaino di pepe di cayenna

sale, se necessario, qb

3/4 di tazza di crema pesante

100 gr. di gorgonzola

Valori Nutrizionali

Calorie 366.6

Grassi Totali 25.3 gr.

Colesterolo 77.7 mg

Sodio 513.2 mg

Carboidrati 23.3 gr.

Proteine 93 gr.

Preparazione

In una pentola a fuoco medio, sciogli il burro. Aggiungi sedano, cipolla, aglio e patate e soffriggi per 5-7 minuti. Aggiungi la farina e mescola costantemente per 1 minuto. Aggiungi lentamente il brodo, il vino, il pepe bianco e la quantità desiderata di pepe di Cayenna.
Porta ad ebollizione; riduci la fiamma e cuoci a fuoco lento per 15-20 minuti (mescolando spesso) o fino a quando le verdure sono molto tenere. Mescola con crema e con il formaggio gorgonzola. Riscalda ma non senza bollire. Aggiungi sale, se necessario. Servi e gusta.

Zuppa Piccante con la Zucca

Ingredienti

1 grande zucca di ghianda si dimezzò e i semi si aprirono

2 cucchiai di olio d'oliva

1 scalogno, tritato finemente

1 spicchio d'aglio, pressato o tritato

1 tazza di purea di zucca

1 cucchiaino di sale

1 cucchiaino di peperoncino

1 cucchiaino di cumino

½ cucchiaino di origano

¼ di cucchiaino di coriandolo in polvere

Il Succo di ½ limone

¼ di tazza di semi di zucca verdi

½ cucchiaio di olio di oliva

Un pizzico di coriandolo macinato

Sale, a piacere

Tre cucchiai di Panna (opzionale, sostituisci con una piccola spruzzata di olio d'oliva per zuppe vegane/senza latt

1 pizzico di chiodi di garofano macinati

3 tazze di brodo vegetale

Preparazione

Preriscalda il forno a 180 gradi C. Fodera una teglia con carta da forno. Posiziona la purea di zucca, taglia e cuoci per circa 30 minuti. Lascia raffreddare la zucca per alcuni minuti, quindi raccogli la carne in una piccola ciotola e getta via la pelle. Potrebbero esserci dei pezzetti di zucca che non sono completamente cotti, ma non preoccuparti, il resto completerà la cottura nella pentola con il brodo.

Ora, in una pentola media scalda l'olio a fuoco medio fino a quando non diviene lucido.

Aggiungi lo scalogno e cuoci fino a quando ammorbidito, circa 2 minuti. Aggiungi aglio, zucca, zucca, un cucchiaino di sale, peperoncino in polvere, cumino, origano, coriandolo e chiodi di garofano.

Cuoci per 2-3 minuti, fino a quando le spezie rimangono fragranti. Versa il brodo vegetale o l'acqua e il succo di limone. Porta a ebollizione a fuoco medio-alto e cuoci per circa 10 minuti o fino a quando la zucca è completamente ammorbidita. Adesso, usando un frullatore ad immersione, mescola la zuppa fino a che il composto sia liscio ed omogeno, da circa 30 secondi a 1 minuto. Se non disponi di un frullatore ad immersione, mescola la zuppa in un frullatore a colonna, in lotti (non riempire il frullatore oltre la linea di riempimento massimo).

Fissa saldamente il coperchio del frullatore e utilizzare un panno da cucina per proteggere la mano dal vapore che fuoriesce dalla parte superiore del frullatore mentre si frullano le miscele fino a renderle lisce. Trasferisci la zuppa di purea in una ciotola da portata e ripeti con i lotti rimanenti. Riporta la zuppa nella pentola e mettila a fuoco basso per tenerla calda. Assaggia la zuppa e aggiungi sale, ½ cucchiaino di brodo vegetale o un cucchiaino se hai usato l'acqua.

Per preparare il contorno: in una piccola padella a fuoco medio, aggiungi i semi di zucca verdi, l'olio d'oliva, il peperoncino in polvere, il cumino, il coriandolo e un pizzico di sale.

Tosta per 3-5 minuti, o fino a quando i bordi dei semi di zucca verdi diventano leggermente dorati. Dividi la zuppa tra le ciotole e aggiungi un pò di crema alla panna o olio d'oliva extra vergine.

Se vuoi, fai un bel topping con una ulteriore spolverata finale di semi di zucca verdi e servi.

Zuppa di Cipolla alla Francese

Ingredienti

6 grandi cipolle rosse o gialle, radice pelata e affettata sottilmente per gambo, circa 10 tazze di cipolle affettate in totale

4 cucchiai di olio extra vergine di oliva

2 cucchiai di burro

1 cucchiaino di zucchero

sale

2 spicchi d'aglio, tritati

8 tazze di brodo di manzo, brodo di pollo o una combinazione dei due (tradizionalmente la zuppa è fatta con brodo di manzo)

1/2 tazza di vermouth secco o vino bianco secco

2 foglie di alloro

1 cucchiaio (sciolto) di timo fresco (può anche usare qualche rametto di timo fresco) OPPURE 1/2 cucchiaino di timo essiccato (a piacere)

1/2 cucchiaino di pepe nero macinato fresco

2 cucchiai di brandy (opzionale)

8 fette di pane francese o taglio baguette spesso 2,5 cm

1 1/2 tazze di groviera svizzera grattugiata e una spolverata di parmigiano

Preparazione

In una pentola a fondo spesso da 5 a 6 litri, scalda tre cucchiai di olio d'oliva a fuoco medio. Aggiungi le cipolle e mescola per ricoprire con l'olio d'oliva. Cuoci le cipolle, mescolando spesso, fino a quando non si sono ammorbidite, circa 15-20 minuti. Aumenta il calore a medio-alto. Aggiungi il cucchiaio restante di olio d'oliva e il burro e cuocere, mescolando spesso, fino a quando le cipolle iniziano a dorare, per circa altri 15 minuti. Quindi cospargi di zucchero (per aiutare con la caramellizzazione) e un cucchiaino di sale e continua a cuocere fino a quando le cipolle sono ben dorate per circa 10-15 minuti. Aggiungi l'aglio tritato e cuoci per un altro minuto.

Raccogli i pezzi dorati sul fondo e sui lati della pentola, facendo scorrere la pentola mentre procedi.

Aggiungi il brodo, le foglie di alloro e il timo. Porta a ebollizione, copri la pentola e abbassare il fuoco per mantenere una bassa cottura. Cuoci per circa 30 minuti. Condisci a piacere con più sale e aggiungi il pepe nero macinato fresco. Scarta le foglie di alloro. Aggiungi brandy se lo usi.

Mentre la zuppa sta cuocendo a fuoco lento, rivesti una teglia con carta da forno e preriscalda il forno a 220° C con una griglia posta nel terzo superiore del forno. Spennella leggermente entrambi i lati del pane francese o delle fette di baguette con olio d'oliva (finirete per usare circa un cucchiaio e mezzo di olio d'oliva). Metti in forno e tosta fino a doratura leggera, circa 5-7 minuti.

Togli dal forno. Gira il pane e cospargi con il formaggio groviera e il parmigiano grattugiato.

Torna al forno quando è vicino il momento di servire e cuoci fino a quando il formaggio diventa dorato.
Per servire, mescola la zuppa in una ciotola e poni il pane con il formaggio in cima ad ogni ciotola di zuppa.

Buon appetito.

Crema di Broccoli & Cavolo

Ingredienti

1 cucchiaio di olio d'oliva
1 grande cipolla sbucciata e tritata
1 grande testa di broccoli tagliate in
piccole cimette
1 testa di cavolfiore foglie tagliate in
piccole cimette
3 tazze (90 g) di cavolo nero
1 pizzico di sale e pepe
1 cucchiaio di olio d'oliva

Valori Nutrizionali

Calorie 275 kcal
Carboidrati 21 g
Proteine 11 g
Grassi 18 g
Grassi Saturi: 9 g
Colesterolo 35 mg
Sodio 826 mg
Potassio 731 mg
Fibre 5 g
Zuccheri 5 g
Calcio 225 mg
Ferro 2 m

Preparazione

Scalda l'olio d'oliva in una padella capiente e soffriggi delicatamente la cipolla per 4-5 minuti fino a quando non inizia a diventare traslucida. Aggiungi i broccoli, il cavolfiore, il brodo e il sale all'aglio. Porta a ebollizione e cuoci a fuoco lento per 10 minuti. Aggiungi il cavolo e fai sobbollire per altri 5 minuti. Mentre la zuppa sta cucinando, prepara i crostini. Scalda l'olio in una padella a fuoco alto.

Aggiungi i cubetti di pane, sale e pepe e soffriggi per 3-4 minuti, girando spesso fino a quando diventano dorati e croccanti. Togli dalla padella e posiziona su carta da cucina per assorbire l'olio in eccesso.

Rimuovi la zuppa dal fuoco e frulla con cura usando un frullatore a immersione. Rimetti ora sul fuoco, aggiungi il formaggio e la panna e mescola fino a quando il formaggio si è sciolto. Mescola il succo di limone e condisci con sale e pepe.

Dividi tra le scodelle e aggiungi olio d'oliva e panna. Cospargi i crostini e i fiocchi di peperoncino e disponi sopra alcune foglie di insalata.

Snacks & Spuntini (dolci e salati)

Morsi al Cioccolato e Datteri

Ingredienti

120 g di noci

30 g di cioccolato fondente (85% di cacao) a pezzi

250 g datteri Medjool

1 cucchiaio. polvere di cacao

1 cucchiaio di curcuma

1 cucchiai di oliva extra vergine

1 cucchiaio di estratto di vaniglia, oppure i semi raschiati di 1 baccello di vaniglia

Preparazione

Metti le noci e il cioccolato in un robot da cucina e lavora fino a quando non hai una polvere fine. Aggiungi tutti gli altri ingredienti tranne l'acqua e mescola fino a quando il composto non forma una palla. Potrebbe essere necessario aggiungere dell'acqua a seconda della consistenza della miscela: di norma non si desidera che sia troppo appiccicoso.

Usando le mani, forma la miscela in palline delle dimensioni di un morso e riponila in un contenitore ermetico per almeno 1 ora prima di mangiarle.

Puoi rivestire alcune palline con un po' più di cacao in polvere e cocco essiccato per ottenere una finitura diversa, se lo desideri.

Si conserveranno fino a 1 settimana nel tuo frigorifero.

Gnam gnam, buon appetito.

Omelette di salmone Affumicato

Ingredienti	Valori Nutrizionali
2 uova grandi	Calorie 274 kcal
1 cucchiaio di erbe fresche - preferibilmente almeno 2 o 3 erbe diverse (come prezzemolo, dragoncello, origano, timo, menta, erba cipollina)	Carboidrati 5 g
	Proteine 23 g
1/4 di cucchiaino di sale kosher	Grassi 17 g
	Colesterolo 383 mg
1/4 cucchiaino di pepe nero macinato fresco	Sodio 1069 mg
Salmone affumicato a fette	Potassio 317 mg
1 spicchio di limone	Fibre 1 g
1/2 cucchiaino di capperi	Zuccheri 1 g
1 cucchiaino di panna acida	Calcio 95 mg
erba cipollina per guarnire (opzionale)	Ferro 3.5 mg

Preparazione

In una piccola ciotola, unisci le uova, le erbe, il sale e il pepe. Sbatti fino a quando ben combinato e schiumoso. Scalda una piccola padella a fuoco medio-medio-alto per circa 30 secondi. Spruzza liberamente la padella con spray vegetale per renderla antiaderente.
Versa le uova nella padella.

Solleva la padella in modo che sia circa 1-2 "sopra la fiamma e inclinala con un movimento a vortice per ricoprire il fondo e i lati con il composto di uova.

Usa una spatola per estrarre il lato della frittata dalla padella e contemporaneamente immergi la padella da quel lato, in modo che l'uovo crudo cada dentro e riempia lo spazio nella padella. Fallo più volte fino a quando le uova non saranno quasi completamente cotte. Togli dal fuoco.

Con la spatola, piega la frittata a metà o in terzi (facendola rotolare su se stessa).

Fai scivolare la frittata su un piatto e aggiungi il salmone affumicato, i capperi, la panna acida e l'erba cipollina. Servire con uno spicchio di limone.

Barretta energetica con Arachidi

Ingredienti

½ tazza di arachidi salate
1/2 tazza di semi di girasole tostati o
altre noci tritate
2 tazze di uva passa o altra frutta
secca tritata
2 tazze di cereali di riso tostato
1/4 tazza di germe di grano tostato
½ tazza di burro di arachidi naturale
½ tazza di zucchero di canna
1/2 tazza di sciroppo di mais o miele
1 cucchiaino di estratto di vaniglia

Valori Nutrizionali

Calorie 260

Grassi Total i8.7 gr.

Sodio 71 mg.

Potassio 242 mg.

Carboidrati 42.7 gr.

Fibre 2.9 gr.

Zuccheri 27 gr.

Proteine 5.4 gr.

Calcio 21 mg.

Ferro 2 mg.

Preparazione

Rivesti una teglia con carta da forno. Combina arachidi, semi di girasole (o altra frutta a guscio), uvetta (o altra frutta secca), avena, cereali di riso e germe di grano (se utilizzato) in una ciotola capiente.

Unisci burro di arachidi, zucchero di canna e sciroppo di mais (o miele) in una grande ciotola per microonde; metti in forno a microonde fino a sentire il gorgoglio, 1-2 minuti. Aggiungi la vaniglia e mescola fino a quando non sarà miscelato completamente.

Versa la miscela di burro di arachidi sugli ingredienti asciutti e mescola fino a quando non sarà ricoperto. Trasferisci la miscela nella padella precedentemente preparata.

Premi con decisione il composto per dargli la successiva forma di barrette

Lascia riposare per circa 1 ora per far indurire.

Taglia a barrette.

Sirt Muesli

Ingredienti

20 g di fiocchi di grano saraceno

10 g di bignè di grano saraceno

15 g di scaglie di cocco essiccato

40 g di datteri Medjool, snocciolati e tritati

15 g di noci tritate

10 g di scaglie di cacao

100 g di fragole, sbucciate e tritate

100 g di yogurt greco (o alternativa vegana, yogurt di soia o cocco)

Preparazione

Mescola semplicemente tutti gli ingredienti con cura (lascia a parte le fragole e lo yogurt se non servi subito).

L'avena funziona altrettanto bene se non usi il grano saraceno.

Chips di Cavolo al Rosmarino

Ingredienti

1 testa (o circa 200 g) di cavolo riccio o cavolo nero

2 cucchiai di olio d'oliva

2 pizzichi di fiocchi di sale

1/2 cucchiaino di granuli d'aglio

1 ciuffo di rosmarino

2 pizzichi di zucchero

lievito

1 spremuta di succo di lime

Preparazione

Preriscalda il forno a 140 gradi. Usando le mani o un paio di forbici, rimuovi il robusto gambo centrale dalle foglie del cavolo. Strappa o taglia il cavolo a pezzetti. Metti il cavolo in una grande insalatiera, aggiungi l'olio d'oliva e massaggia il cavolo con l'olio d'oliva con entrambe le mani per due o tre minuti.

Quindi aggiungi il sale marino, i granuli di aglio, il rosmarino, lo zucchero, il lievito e il succo di lime. Mescola per combinare gli ingredienti con un cucchiaio di legno. Distribuisci il cavolo preparato su due teglie.

Assicurati di dare abbastanza spazio al cavolo: se hai sovraffollato le teglie, non si cuocerà correttamente.

Metti nel forno preriscaldato e cuoci per 25-30 minuti fino a quando non sarà divenuto.

Lascia raffreddare completamente prima di servire.

Dolci

Choc Chip di granella-Sirtfood

Ingredienti

⅓ tazza di sciroppo d'acero

⅓ tazza di zucchero di canna

4 cucchiaini di estratto di vaniglia

½ cucchiaino di sale

½ tazza di olio

5 tazze di fiocchi d'avena

2 tazze di gocce di cioccolato

Valori Nutrizionali

Calorie 544 Kcal

Grassi 24 g

Colesterolo 6 mg

Sodio 162 mg

Potassio 200 mg

Carboidrati 74 g

Fibre 5 g

Zuccheri 40 g

Proteine 7 g

Calcio 90%

Ferro 2.5%

Preparazione

Regola la griglia del forno in posizione medio-alta e preriscaldare il forno a 175 gradi.

Fodera una teglia cerchiata con carta da forno e accantona per dopo.

In una grande ciotola, poni lo sciroppo d'acero, lo zucchero di canna, l'estratto di vaniglia e il sale. Aggiungi olio d'oliva extravergine per unire. Aggiungi l'avena e le gocce di cioccolato e amalgama il composto con una spatola di gomma fino a quando l'avena e le gocce di cioccolato non sono completamente ricoperte. Poni il composto di avena sulla teglia preparata e distribuiscilo in uno strato sottile e uniforme.

Usando una spatola rigida, comprimi la miscela di avena fino a renderla molto compatta. Cuoci fino a quando la parte superiore è leggermente rosolata, da 40 a 45 minuti, ruotando il composto a metà cottura.

Rimuovi il muesli dal forno e lasciare raffreddare su una gratella a temperatura ambiente, per circa 1 ora.

Rompi il muesli raffreddato in pezzi grandi o piccoli, come vuoi.

Il preparato può essere conservato in un contenitore ermetico a temperatura ambiente per un massimo di 2 settimane.

Cupcakes al Cioccolato con Matcha

Ingredienti

¼ tazza di cacao in polvere

1 tazza di farina

½ cucchiaino di bicarbonato

½ cucchiaino di lievito in polvere

¼ di cucchiaino di sale

2 uova grandi, temperatura ambiente

1 tazza di zucchero semolato

⅓ tazza di olio di cocco

Due cucchiaini di estratto di vaniglia

1 cucchiaino di caffè istantaneo miscelato con 1 cucchiaino di acqua calda

½ tazza di latticello

½ tazza di gocce di cioccolato mini, più altro per la farcitura

2 cucchiai di latte

1 cucchiaio di polvere di matcha

1 panetto di burro, temperatura ambiente

3 tazze di zucchero a velo

Preparazione

Preriscalda il forno a 180°. Fodera degli stampi per muffin con dei liner di carta per cupcakes; e accantona per dopo.

Se hai una seconda teglia per muffin, fodera altre 4 tazze con i liner in carta per cupcakes, oppure cuoci semplicemente il primo lotto e poi riutilizzi la padella per il resto dell'impasto.

In una ciotola media, sbatti insieme il cacao in polvere, la farina, il bicarbonato di sodio, il lievito e il sale; accantona. In una grande ciotola, sbatti insieme le uova, lo zucchero, l'olio, la vaniglia e il composto del caffè fino a che sarà liscio.
Aggiungi metà degli ingredienti secchi, quindi metà del latticello, mescolando fino a che sarà liscio. Ripeti l'operazione con gli altri ingredienti secchi e il latticello.

Aggiungi ora le gocce di cioccolato e mescola fino a quando non sono appena combinate.

Versa la pastella nelle fodere per cupcakes, riempiendo fino a circa ⅔. Cuoci in forno per 18-20 minuti fino a quando uno stecchino inserito al centro risulta pulito. Togli dal forno e lascia raffreddare completamente. In una piccola ciotola, unisci la polvere di matcha e il latte e mescola fino a ottenere una pasta liscia.

È necessario sbarazzarsi di eventuali grumi nel miglior modo possibile. Poi, in una terrina, rendi omogeneo il burro e ammorbidisci fino a che sarà ben vellutato.

Aggiungi lo zucchero a velo e la miscela di matcha e sbatti fino a quando non si addensa. Trasferisci in una sac a poche e decora, ora metti in frigo i cupcakes e raffreddali completamente.
Rifinisci il top con mini-gocce di cioccolato, o codette, se lo desideri.

Gelatina di Lamponi e Ribes Nero

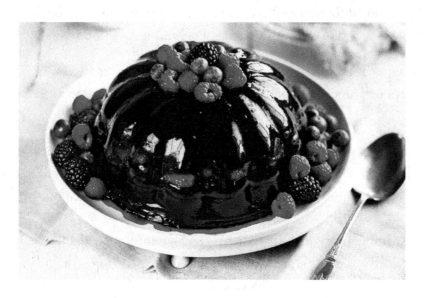

Ingredienti

600 g di Frutta mista (bacche)

Mezzo Limone (solo succo)

300 ml di acqua

100 g di Miele chiaro

10 g di gelatina alimentare

Preparazione

Metti le bacche, l'acqua del succo di limone e il miele in una padella e fai sobbollire delicatamente il contenuto per circa 10 minuti.

Filtra il succo dalla frutta con un setaccio fine in una ciotola, quindi spingi delicatamente la maggior parte della polpa attraverso.

Scarta i semi. Rompi la gelatina alimentare in frammenti e ammorbidisci con un pò d'acqua calda in una piccola ciotola per un paio di minuti.

Allontana la gelatina mentre la lasci cadere nel succo di frutti di bosco e frullala a fondo fino a completa dissoluzione. Versa in piccoli stampi per gelatina individuali o lasciare riposare.

Metti a raffreddare in frigorifero dentro stampi adeguati. Quando la gelatina è raffreddata, immergi lo stampo in acqua calda per alcuni secondi per agevolare la fuoriuscita e servi la gelatina ponendola su un piatto poco prima di servire.

Pancakes alla Mela con composta di Ribes nero

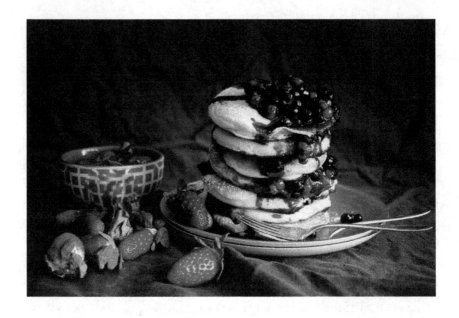

Ingredienti

125 g di farina

1 cucchiaino di lievito per dolci

2 cucchiai di zucchero

1 Pizzico di sale

2 mele, sbucciate,

2 carote e tagliate a pezzetti

300 ml di latte scremato

2 albumi d'uovo

2 cucchiaini di olio d'oliva leggero

120 g di ribes nero

Valori Nutrizionali

Calorie 337

Preparazione

Per prima cosa, prepara la composta. Metti il ribes nero, lo zucchero e l'acqua in una piccola padella. Porta a ebollizione e cuocere per 10-15 minuti.

Ora metti l'avena, la farina, il lievito, lo zucchero a velo e il sale in una ciotola capiente e mescola bene. Mescola e frusta un pò alla volta con il latte fino a ottenere una miscela omogenea.

Sbatti gli albumi fino a montarli e poi versali nella pastella dei Pancakes. Trasferisci la pastella in una brocca. Scalda 1/2 cucchiaino di olio in una padella antiaderente a fuoco medio-alto e versa circa un quarto della pastella. Cuoci su entrambi i lati fino a doratura.

Rimuovi e ripeti per fare quattro frittelle. Servi le frittelle con la composta di ribes nero spruzzata sopra.

Morsi dolci Sirtfood (ricotta Sirtfood)

Ingredienti

1 tazza (120 g) di noci

30 g di cioccolato fondente (85% di cacao), suddiviso in pezzi; o 1/4 tazza di scaglie di cioccolato

250g di datteri Medjool,

1 cucchiaio di cacao in polvere

1 cucchiaio di curcuma

1 cucchiaio di olio extra vergine di oliva

i semi raschiati di 1 baccello di vaniglia o un cucchiaino di estratto di vaniglia

da 1 a 2 cucchiai d'acqua

Preparazione

Metti le noci e il cioccolato in un robot da cucina e lavora fino a quando non avrai ottenuto una polvere fine. Aggiungi tutti gli altri ingredienti tranne l'acqua e mescola fino a quando il composto non forma una palla.

Potrebbe essere necessario aggiungere acqua in un secondo tempo a seconda della consistenza della miscela: di norma non si desidera che sia troppo appiccicoso.

Usando le mani, forma il composto in palline di dimensioni ridotte e conserva in frigorifero in un contenitore ermetico per almeno 1 ora prima di mangiarle.

Puoi spolverare alcune palline in un pò di cacao o cocco essiccato per ottenere una finitura diversa, se lo desideri.

Si conserveranno fino a 1 settimana nel tuo frigorifero.

Desserts

The Verde Matcha

Ingredienti

1 cucchiaino di polvere di matcha

150 ml di acqua calda

Preparazione

Bollire 150 ml d'acqua.

Poi, in una ciotola, mescola la polvere di the verde matcha e l'acqua calda.

Usando una frusta rigorosamente di legno per non ossidare i nutrienti, frusta rapidamente fino a quando il composto forma una schiuma sottile. Aggiungi più acqua calda alla miscela di pasta fino a raggiungere la concentrazione desiderata.

Bacche calde alla Crema

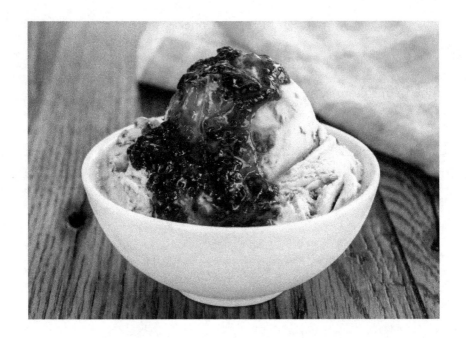

Ingredienti

250 gr. di fragole biologiche congelate

1/4 di tazza d'acqua

1 cucchiaio di miele

2 tazze di yogurt greco biologico a latte intero

75 gr. di cioccolato bianco

Preparazione

Scalda le fragole congelate, acqua e miele in una piccola casseruola a fuoco medio, mescolando continuamente. Porta a ebollizione, quindi a fuoco lento per circa 10 minuti, mescolando spesso e schiacciando le fragole.

Togli dal fuoco e lascia raffreddare leggermente. Nel frattempo, versa 1/2 tazza di yogurt in ognuna delle 4 scodelle: scalda il cioccolato bianco nel forno a microonde fino a renderli liscio vellutato e morbido.

Poni un cucchiaio di fragole calde sopra lo yogurt, quindi guarnisci con il cioccolato bianco caldo.

Puoi guarnire ulteriormente con fragole fresche.
Servi immediatamente

Fonduta al Cioccolato caldo

Ingredienti

2 tazze di panna

Cioccolato al latte (consigliato: Lindt o Callebaut)

Un cucchiaio di estratto di vaniglia

1 cucchiaio di brandy

Fragole, banane, ananas, brownies, marshmallows, biscotti a scelta

Preparazione

Metti circa mezzo litro d'acqua in una casseruola e fai bollire lentamente.

Metti il boccale sopra e versa la panna; lascia riscaldare. Nel frattempo, spezza o taglia il cioccolato a pezzetti. Quando la crema è calda al tatto, aggiungi il cioccolato e frusta fino a che diventa liscio e vellutato. Miscela insieme vaniglia e brandy. Versa nella pentola; mantieni bassa la fiamma per non bruciare la fonduta.

Disponi nel piatto di portata, fragole, banane, ananas, brownies, marshmallow, biscotti o uno dei tuoi articoli preferiti su un piatto, metti al centro la fonduta calda per immergere la frutta e mangiarla ricoperta di cioccolato caldo.
Divertiti.

Plum Cake di noci e datteri

Ingredienti

225 g di datteri denocciolati (e sminuzzati)

1 cucchiaino di bicarbonato

85 g di burro (ammorbidito)

85 g di zucchero

120 ml di acqua bollente

1 uovo (sbattuto)

225 g Farina auto lievitante

85 g Noci (tritate)

Preparazione

Metti i datteri, il bicarbonato, il burro e lo zucchero in una grande ciotola e versa acqua bollente. Mescola per rompere il burro e quindi metti da parte fino a quando l'acqua bollente si sia raffreddata.

Nel frattempo, rivesti una teglia con carta oleata e preriscalda il forno a 170° C (150 ° C per forni ventilati).

Una volta che il composto si è raffreddato, aggiungi l'uovo e le noci, mescolando per unire. Setaccia la farina e mescola per creare una pastella.

Trasferisci la pastella sulla teglia prerivestita e inforna in forno preriscaldato, per 1 ora e 15 minuti. Togli dal forno e lascia raffreddare nella scatola.

Servi subito o per un gusto migliore, conserva la il Plum Cake ottenuto in un contenitore ermetico per un paio di giorni prima di servire. Lasciando riposare per un paio di giorni gli aromi si amalgameranno al meglio e il composto sarà più fragrante e morbido.

Gelato di Yogurt con Fragole fresche

Ingredienti

2 tazze (250/280 gr.) di fragole congelate

2 cucchiai di miele o nettare di agave

¼ tazza (60 gr.) di yogurt bianco (greco, senza grassi)

1/2 cucchiaio di succo di limone fresco

Valori Nutrizionali

Calorie 66

Sodio 7 mg

Carboidrati 15 gr.

Fibre 2 gr.

Zuccheri 13 gr.

Proteine 2 gr.

Preparazione

Aggiungi le fragole congelate, il miele (o il nettare di agave), lo yogurt e il succo di limone in un robot da cucina.

Elabora fino a ottenere un composto cremoso, circa 2-3 minuti. Assicurati che non ci siano grumi.

Trasferisci in un contenitore a chiusura ermetica e congela per un minimo di 6 ore, ad esempio preferibilmente durante la notte. Conservalo nel congelatore per un massimo di 1 mese.

Brownies al Cioccolato

Ingredienti

½ tazza di burro

1 tazza di zucchero

2 uova

1 cucchiaino di estratto di vaniglia

⅓ tazza di cacao amaro in polvere

½ tazza di farina

¼ di cucchiaino di sale

¼ di cucchiaino di lievito in polvere

3 cucchiai di burro

3 cucchiai di cacao amaro in polvere

1 cucchiaio di miele

1 cucchiaino di estratto di vaniglia

1 tazza di zucchero a velo

Valori Nutrizionali

Calorie 183

Grassi Totali 9 gr.

Colesterolo 44 mg

Sodio 110 mg

Carboidrati 25.7 gr.

Proteine 1.8 gr.

Preparazione

Preriscalda il forno a 175 gradi. Ungi e infarina una teglia quadrata. In una grande casseruola, sciogli 1/2 tazza di burro.

Togli dal fuoco e aggiungi zucchero, uova e un cucchiaino di vaniglia. Sbatti insieme 1/3 di tazza di cacao, 1/2 tazza di farina, sale e lievito in polvere, distribuisci la pastella nella teglia preparata e cuoci in forno preriscaldato per 25-30 minuti.

Non cuocere troppo, mi raccomando.

Unisci 3 cucchiai di burro ammorbidito, 3 cucchiai di cacao, miele, un cucchiaino di estratto di vaniglia e 1 tazza di zucchero a velo. Mescola fino a che il composto sia liscio e omogeneo.

Lascia raffreddare il composto e stendilo in una sfoglia alta a piacere (diciamo 1,5 cm circa), taglia poi a cubetti.
I Brownies sono eccellenti mentre sono ancora caldi, quindi li potrai consumare subito o conservarli e consumarli a temperatura ambiente.

Crème Brûlée

Ingredienti

½ litro di Panna

1 baccello di vaniglia

1 tazza di zucchero vanigliato,

3 tuorli d'uovo

1 litro di acqua calda

Preparazione

Preriscalda il forno a 180 gradi. Metti la panna, il baccello di vaniglia in una casseruola media a fuoco medio-alto e porta a ebollizione.

Togli dal fuoco, copri e lascia riposare per 15 minuti. Rimuovi il baccello di vaniglia e lascia riposare per uso successivo.

In una ciotola media, sbatti insieme 1/2 tazza di zucchero e i tuorli d'uovo fino a quando non si mescolano bene, e iniziano a schiarire di colore. Aggiungi la panna un pò alla volta, mescolando continuamente.

Versa il liquido in 6 stampini. Metti gli stampini in una grande tortiera o teglia. Versa abbastanza acqua calda nella padella per arrivare a metà dei lati degli stampini. Cuoci in forno fino a quando la crema brulée non è pronta, dovrà essere ancora morbida al centro, diciamo circa 40-45 minuti. Togli gli stampini dalla teglia e conserva in frigorifero per almeno 2 ore e fino a 3 giorni.

Rimuovi la crema brulée dal frigorifero almeno 30 minuti prima e poi puoi dorare con lo zucchero.

Dividi il rimanente di una 1/2 tazza di zucchero vanigliato equamente tra i sei stampini e distribuisci uniformemente sulla parte superiore.

Usando una torcia a fiamma, sciogli lo zucchero e forma una crosta croccante.

Lascia riposare la crema brulée per almeno 5 minuti prima di servire.

Fondenti al Pistacchio

Ingredienti

3/4 tazza di gocce di cioccolato bianco

6 cucchiai di burro

1/3 di tazza d'acqua

Una confezione (4 porzioni) miscela istantanea di budino al pistacchio o alla vaniglia

3 tazze di zucchero a velo

1/2 tazza di Pistacchi

Preparazione

Fodera una teglia quadrata con un foglio di carta da forno. Accantona. In una grande ciotola per microonde, sciogli le gocce di cioccolato, il burro e l'acqua, poni poi in un forno a microonde per 1 minuto. Togli dal microonde e mescola fino a quando le gocce di cioccolato siano completamente sciolte.

Se necessario, riscalda per altri 30 secondi. Mescola il mix di budino al composto di cioccolato.

Una volta completamente combinato, aggiungi lo zucchero, una tazza alla volta.

Disponi sul fondo i pistacchi sgusciati e sbriciolati grossolanamente: aggiungi il cioccolato bianco e ricopri. Metti in frigorifero per 2 ore per raffreddare.

Rimuovi il preparato ormai solidificato dalla teglia.
Usa un coltello affilato per tagliare in modo pulito a quadrati regolari.

Conserva in un contenitore ermetico.

Mele speziata in Camicia

Ingredienti

4 mele Granny Smith

1 limone,

8 cucchiai di burro non salato ammorbidito

2 cucchiai di zucchero di canna scuro

1 cucchiaino di miscela di cinque spezie dolci (parti uguali di cannella in polvere, anice stellato, cardamomo, chiodi di garofano, zenzero)

1/2 cucchiaino di sale

Preparazione

Imposta il forno a 80ºC). Mentre il forno si riscalda, sbuccia le mele e acidificale spremendo un pò di succo di limone su ogni mela, poi ponile in una ciotola.

In una ciotola separata, unisci burro, sale, spezie e zucchero di canna.

Mescola fino a quando ben combinato. Metti le mele in una busta con cerniera.

Aggiungi la miscela di burro e sigilla i sacchetti con la tecnica dell'immersione in acqua.

Posiziona la busta nel bagno d'acqua e imposta il timer per 45 minuti.

Ogni 10-15 minuti, capovolgi e ruota le mele. Quando il timer si spegne, rimuovi la borsa dal bagno d'acqua.

Poni le mele sui piatti da portata, conservando parte del liquido di cottura.

Versa parte del liquido di cottura sopra le mele e il gelato. Puoi fare il topping con gelato e briciole di biscotto.

Pronto da servire.

Vellutato Black Forest

Ingredienti

1 tazza di ciliegie surgelate

1 - 2 (15-30 gr.) di datteri Medjool

1/4 tazza di Avena (20 gr.)

1 cucchiaio di semi di chia (7 gr.)

2 cucchiai (10 gr.) di cacao in polvere

1 tazza (240 ml) di latte di mandorle
senza zucchero

Un misurino (30 gr.) di proteine in
polvere

1-2 manciate di spinaci novelli

Valori Nutrizionali

Grassi totali 9,2 gr.

Grassi saturi 1.8 gr.

Colesterolo 0 mg

Sodio 245

Carboidrati 72,4 gr.

Fibra 18,3 gr.

Zuccheri 35,9 gr.

Proteine 28,4 gr.

Preparazione

Metti semplicemente tutti gli ingredienti in qualsiasi frullatore standard
e mescola fino a che il compost sia liscio e omogeneo.
Questo frullato può essere preparato in anticipo e conservato in
frigorifero per maggiore spessore e cremosità.

Più a lungo rimane a riposo, più denso diventerà.

Capitolo 11

Domande & Risposte (dopo la Dieta)

È opportuno allenarsi durante la Fase 1?

Eseguendo un esercizio fisico moderato e quotidiano migliorerai la perdita di peso nella dieta e i potenziali vantaggi della fase 1. Abbiamo già detto che si suggerisce di mantenere un livello ragionevole di esercizio fisico e attività fisica durante i primi 7 giorni e di rimanere all'interno della normale zona di comfort. Esercizi troppo prolungati o troppo intensi possono sollecitare troppo il corpo per questo periodo di restrizione calorica ed ottenere effetti indesiderati. Presta attenzione al tuo corpo e poi lascia che la dieta Sirt faccia il suo lavoro.

Come procedere dopo che la fase 2 è stata completata?

Esiste un programma di mantenimento a lungo termine dopo queste due fasi che non si basa sul conteggio delle calorie ma più semplicemente su piccole porzioni, pasti ben bilanciati e cibi a prevalenza Sirt. Il programma di mantenimento di 14 giorni prevede tre pasti, un tè verde e uno o due snack al giorno, con alcuni alimenti Sirt che troverai nel capitolo dedicato alle ricette di questo libro.

Si prevede inoltre che chi segue il piano dieta Sirt, integri 30 minuti di attività per almeno cinque giorni alla settimana (secondo le linee guida del piano Sirt), anche se non è questo l'obiettivo principale del piano.

Questa dieta è applicabile per coloro che sono già magri o no?

La fase 1 della dieta Sirt non è indicata per soggetti sottopeso. Se sei sottopeso, il modo più semplice per capirlo è calcolare il tuo indice di massa corporea o BMI.

Ci sono vari metodi per calcolare il BMI anche online. Se il tuo indice di massa corporea è 18,5 o meno, non è consigliabile seguire la fase 1 di questa dieta.

Sebbene molte persone aspirino ad essere super-magre, il fatto è che il sottopeso può avere un effetto dannoso su molti aspetti della tua salute, come un sistema immunitario debilitato, alto rischio di indebolimento osseo (osteoporosi) e problemi di fertilità. Se sei sottopeso, tuttavia, ti consigliamo di incorporare comunque alimenti Sirt nella tua dieta per ricevere tutti i loro effetti benefici e antiossidanti.

In caso tu sia nella gamma da 20 a 25 (indice di massa corporea -BMI), inizia pure la dieta Sirt dalla fase 1. Perderai peso, tonificherai e migliorerai i livelli di energia, salute e vitalità. Ricorda che la dieta Sirt riguarda la promozione della salute, tanto quanto la perdita di peso.

La dieta Sirt aiuta veramente a perdere peso?

Sì, perderai sicuramente peso. Sicuramente perderai la maggior parte del peso nella fase 1. Anche se molto di questo può essere il peso dell'acqua, comincerai a perdere parte anche del grasso corporeo e soprattutto a sgretolare la massa che verrà poi ulteriormente attaccata dalle sirtuine nella fase 2.

Quali sono gli svantaggi di Dieta Sirt?

Innanzitutto, la dieta nel primo passaggio per alcuni può risultare un pò severa. Alcuni individui, specie se particolarmente sedentari, perdono massa muscolare in presenza di una situazione già non ideale, e con un apporto calorico troppo basso possono rovinare il metabolismo. Consulta il tuo medico per vedere se è adatta a te.

Limitare così fortemente il consumo calorico può essere buono ma solo per pochi giorni. È sempre importante prestare attenzione al tipo di calorie che assumi. È fondamentale ottenere proteine adeguate perché sono i mattoni del corpo.

Devo prendere delle precauzioni?

Affinché funzioni, il metodo è da considerare rigoroso e senza possibilità di negoziazione o sostituzioni. La perdita di peso può essere raggiunta solo se si rispetta il ridotto apporto calorico indicato nel piano e le indicazioni alimentari, ciò può rendere difficile l'adesione al piano a lungo termine per i soggetti che non si impegnano.

Ciò significa che qualsiasi peso perso nei primi sette giorni potrebbe essere recuperato dopo aver finito se non si segue la fase di mantenimento. Altro aspetto è afferente al fatto che limitare il consumo di proteine con succhi, può portare alla perdita di massa muscolare (come già detto in più parti di questo libro). Perdere i muscoli è sinonimo di abbassamento del tasso metabolico o "dismetabolismo" e rende più difficile mantenere il peso.

Compensare questa controindicazione con un'adeguata attività fisica, meglio se sportiva, limita o annulla questo dismetabolismo ed evita la conseguente perdita di tono.

Come sempre, consulta il tuo medico per vedere se è adatta a te.

Va bene mangiare carne con la dieta Sirt?

La risposta può apparire clamorosa, davvero. E infatti la risposta è Sì.

Oltre a consumare anche una porzione di carne, il piano dietetico raccomanda che le proteine siano una parte essenziale della dieta, al fine di massimizzare il beneficio nel sostenere il metabolismo e ridurre l'eventuale atrofia muscolare comune nella maggior parte dei piani dietetici. Non è per questo una dieta ricca di carne, è in effetti a prevalenza vegetariana ed offre, praticamente, un'alternativa per tutte le persone.

La leucina è un aminoacido presente nelle proteine, che integra e migliora effettivamente il comportamento della dieta Sirt. Ciò accresce il vantaggio di consumare alimenti Sirt, ad esempio un petto di pollo, la classica bistecca o altre fonti di leucina, come pesce o uova.

Il pollame può essere consumato facilmente (perché è una eccellente fonte di proteine, vitamine del gruppo B, potassio e fosforo) e la carne rossa (un'altra buona fonte di proteine, ferro, zinco e vitamina B12) possono essere consumati fino a tre giorni alla settimana (750 g di peso grezzo sono la grammatura limite consigliata).

L'autrice

Per chi ancora non mi conosce, mi chiamo Kathleen Middleton; sono una nutrizionista esperta, food blogger e cacciatrice di diete e da sempre coltivo una vera passione per aiutare le persone a stare bene e mettersi in forma con programmi dietetici specifici e nuovi.

Sono laureata in filosofia e durante la mia vita ho anche conseguito una specializzazione in naturopatia e cure naturali.

Dedico gran parte della mia vita alla ricerca in dietologia, salute e benessere. La mia passione è informare sui nuovi programmi dietetici che scopro in tutto il mondo: tutto questo affinché le persone rimangano magre e in forma, si sentano più giovani, così da migliorare il benessere e il proprio aspetto.

La mia ultima ricerca dietologica riguarda lo studio della nuova diet a Sirt, scoperta dai nutrizionisti britannici Aidan Goggins e Glen Matten.

Il loro nuovo piano dietetico, che decisamente suggerisco in questo libro, aiuta a perdere facilmente fino a 3,5 kg in 7 giorni, grazie ad un nuovo metodo di attivazione del metabolismo, ottenuto stimolando le sirtuine con speciali alimenti, per questo motivo questo approccio innovativo è anche chiamato "la dieta del gene magro".

Prima di suggerire una nuova dieta, devo tuttavia essere certa che sia effettivamente valida; per questo ho testato di persona la dieta Sirt e, posso dire che ho realmente perso ben 3 kg, già dai primi giorni.

Ma non solo. Continuando il piano alimentare con alimenti Sirt ho scoperto una rinnovata vitalità e una grande energia. Per questo motivo ho deciso di raccogliere tutte le informazioni utili e le caratteristiche di questo rivoluzionario piano alimentare aggiungendo le mie 80 ricette preferite, facili da preparare e deliziose anche per il palato.

Spero che ti godrai il mio libro, con tutte le spiegazioni scientifiche e pratiche sul funzionamento dei geni Sirt e degli alimenti che li stimolano e, soprattutto, potrai ottenere velocemente come me i risultati che desideri.

Ci sono 80 gustose ricette Sirt per rendere più facile seguire la dieta e un piano personalizzato di 7 giorni, facile, pratico e gustoso da seguire.

Questo libro e questa dieta sono per tutti. Buona lettura.

Kathleen Middleton

Stampato in Italia, salvo diversamente specificato.

CPSIA information can be obtained
at www.ICGtesting.com
Printed in the USA
LVHW081407190321
681674LV00013B/983

9 781914 109904